Madame Fangs Lächeln

Hong Kong

Für meine Tochter

Thyra Thorn

Madame Fangs Lächeln

Hong Kong

PänK Verlag

Mehr über unsere Autoren und Bücher:
www.paenk-verlag.de

Die Deutsche Nationalbibliothek verzeichnet diese Publikation in der Deutschen Nationalbibliografie: detaillierte bibliographische Daten sind im Internet über http://dnb.d-nb.de abrufbar.

2. Auflage 2020
ISBN 978-3-949035-00-5

Umschlaggestaltung: Thyra Thorn
Herstellung: BoD - Books on Demand, Norderstedt

Danksagung

Mein besonderer Dank gilt meiner Chinesischlehrerin Frau Du Yü Angler für ihre unendliche Geduld und für die Korrektur der chinesischen Ausdrücke und Namen. Je nach Herkunft des Protagonisten wurden chinesische Namen (in vereinfachtem Pinyin) oder „westliche" Bezeichnungen verwendet.

Madame Fangs Lächeln

Madame Fangs Lächeln wirkte leicht gelangweilt. Es hatte nichts von der sonst üblichen Höflichkeit an sich. Sie lächelte nicht aus Anstand, das hatte sie nicht nötig. Ihr Gegenüber befand sich nicht in der Position, etwas fordern oder Ansprüche an eine allgemeine Form der Verbindlichkeit stellen zu können. Auch konnte Sir Laugham sich nicht auf eine gemeinsame Basis höherer Werte berufen oder zumindest die Tatsache, dass sie zur selben Species gehörten, ins Feld führen. Zwischen ihnen war seit langer Zeit eine tiefe Kluft, über die keine Brücke führte.

Madame Fangs Lächeln konnte sich nur darauf beziehen, dass sie das, was sie tun würde, gern tat. Nicht so gern, dass sie in Fröhlichkeit ausbrechen würde. Aber immerhin schien sie ein mäßiges Vergnügen zu empfinden. Etwas, das sie für einen Moment dem tristen Allerlei enthob, eine angenehme, aber nicht sehr bedeutsame Zäsur eines öden Tages.

Madame Fang hob die Pistole und jagte Sir Laugham eine Kugel durch den Kopf.

2 Perlflussmädchen

„Nehmt sie nur gleich mit." Der Vater hielt den Blick gesenkt und wies mit einer unbestimmten Bewegung auf das zwölfjährige Mädchen, das sich vergebens in einen dunklen Winkel der Hütte drückte, sich so fest wie möglich an die Wand presste, damit der Kerzenschein nicht ihr Kleid erfasste.

Das Mädchen wünschte sich Lotusfüßchen, kleine Stumpen, die sie gut hätte verstecken können. Dann wäre sie unsichtbar gewesen und der Mann hätte ihre Anwesenheit nicht bemerkt. Doch sie waren nicht gebunden und das flackernde Licht erfasste die halb zerfetzten Sandalen, die sie mit einer Schnur befestigt hatte und strich über ihre schmutzigen kleinen Zehen. Alle waren schön und gerade gewachsen, nicht wie die affenartigen Klauen an den breitgetretenen Klumpen des Familientyrannen. Sogar ihre Nägel schimmerten perlmuttern, trotz des Drecks.

Ach, hätte sie doch die hässlichen Füße des Vaters geerbt.
Ach, bliese der Wind doch in diesem Moment die Flamme aus.
Ach, wäre sie doch rechtzeitig von zuhause fort gelaufen.

Oder aber

wenn der Tiger gebrüllt und ein Drache die Hütte fortgenommen hätte,
wenn eine giftige Schlange den Mann gebissen und von der Decke alle Spinnen auf einmal herabgefallen wären,
wenn mehr Fische im Perlfluß geschwommen und der

Winter nicht so kalt gewesen wäre,
wenn der Reis besser gewachsen und nicht halb verfault wäre,
wenn die Familie nicht so viel Steuern und Schutzgeld zahlen müsste,
wenn sie die Ahnen ehrfürchtiger behandelt und nicht versehentlich verärgert hätten,
wenn ihre Mutter nicht so oft geschlagen worden wäre und jetzt die müden Augen vor allem verschlösse,
wenn sie ein Junge wäre,
wenn das Elend die Eltern nicht so stumpf gemacht hätte;

dann, ja dann,

hätte der Fremde sich in diesem Moment umgedreht,
die Hütte verlassen
und kein weiteres junges Mädchen gekauft.
Aber so.

Sie weinte nicht.
Trat ins Licht.
Sagte: „Gehen wir."

3 Hure

„Die Neue ist noch frei."
Wie fürchtete sie sich vor diesem Satz!
Er bedeutete, dass sie einen aus dem schäbigen Rest der Freier nehmen musste:
Einen der gierigen Beamten und Geldeintreiber, alte

Männer, deren Penis oft von einer Fettschürze verdeckt war, die sie erst hochheben musste, um Hand anzulegen. Einen der Spieler, die wegen eines unerwarteten Gewinns vor Stolz platzten, als hätten sie dem Schicksal ein Schnippchen geschlagen und alles an Hochmut und Verachtung in diesen einen Moment legten, in dem sie nicht die Verlierer waren und andere sie bedienen mussten.

Einen der Ausländer mit bleichen Haaren und durchsichtigen Augen, denen die Würmer die Gedärme zerfraßen.

Jede Hure träumte davon, sich die Freier aussuchen zu dürfen, Schlägen, Schmerzen und Ekel nicht ohnmächtig ausgeliefert zu sein und nach anfänglichem Entsetzten und einer kurzen Periode furchtsamer Verzweiflung hatte auch sie das Spiel durchschaut.

Solange sie noch jung war,
solange sie noch schön war,
solange sie noch gesund war,
würde sie sie sich ins Zeug legen
und alles lernen, was einem Mann Freude macht.
Und je begehrenswerter
und bezaubernder
und verführerischer sie war,
desto wählerischer konnte sie sein.

Aus der Schar der Perlflusspiraten,
die plünderten und mordeten,
Menschen entführten und verkauften
Schutz- und Lösegelder erpressten,

Opium aßen und ihr Geld auf's Hurenschiff trugen, wählte sie sich schließlich den Schönsten und Kühnsten.

und verdrehte ihm den Kopf.

4 Witwe

Die kleine Dschunke hätte zum Herzerweichen geächzt und gewimmert. Die Luft sei voller Gischt, voller nadelspitzer Tropfen gewesen, Orkanböen hätten in der Takelage gewütet, an den schweren Mattensegeln gezerrt, die die Männer nicht mehr haben reffen können. Die Winde hätten sich in den Bambusleisten verbissen. Der hohe Aufbau am Bug sei tief in ein Wellental getaucht, das ganze Schiff sei fast senkrecht gestanden. Fässer und lose Ladung wären nach unten gedonnert, als ob sie allesamt nicht schnell genug in die Hölle hätten fahren wollen.

Dann hätte eine völlig unerwartete schwere Quersee das Schiff getroffen, das gesamte Deck überflutet und den Hauptmast wie ein Streichholz zerbrochen. Der schwere Balken wäre mitsamt dem ganzen Aufbau über Bord gegangen und hätte die Hälfte der Mannschaft mit sich in die Tiefe gerissen. Das Boot sei außer Kurs und ins Schlingern geraten. Der Steuermann, der sich am zweiten Mast festgebunden hätte, hätte es nicht mehr unter Kontrolle bekommen. Es wäre endgültig in Querlage zur nächsten Woge gekommen, die sich ungeheuer steil und mächtig vor ihnen aufgetürmt hätte. Sie hätten es nicht mehr geschafft, den Wellenkamm zu erreichen, sondern wären vorher gekentert. Das Schiff hätte sich um die eigene Längsachse gedreht, wäre wie eine Tonne den Wellenberg hinab gerollt, noch eine Zeitlang kieloben getrieben und wäre dann, von weiteren Wogen wie ein kleiner Ball in den Himmel gehoben, in die Hölle hinunter gedrückt und schließlich zerschmettert worden.

„Nur ich habe überlebt", beendete der Schiffsjunge der Haidao wang seine Erzählung über den Tod von Madame Fangs Mann, dem Vater ihrer zwei Söhne und Ziehvater des schon fast erwachsenen Stiefsohns Da Hu.

Madame Fang hatte schon viele Männer die unglaublichsten Lügen stammeln hören, Kaufleute, die ihr Hab und Gut bewahren wollten, Geiseln, die um ihr Leben bangten, Gauner, die ihre Kameraden bestohlen hatten und der Strafe entkommen wollten, sogar britische Offiziere, die sich vor der Folter fürchteten. Aber diese kleine Schiffsratte war besonders erbärmlich. In dicken Tropfen lief ihm der Schweiß übers Gesicht. Er stotterte und verhaspelte sich fortwährend, während er wieder und wieder, – und in fast gleichem Wortlaut -, die einstudierten Sätze wiederholte, mit denen er den unglücklichen Tod des großen Piraten Fang, Gebieter des südchinesischen Meeres, Herr über eine Flotte von über hundert Dschunken und einer Armee von zigtausend weiblichen und männlichen Piraten beschreiben sollte.

Madame Fang war sich darüber im Klaren, dass ihr Mann von einem der zahlreichen Feinde ermordet worden war, vielleicht sogar von einem Mitglied seiner eigenen Herkunftsfamilie, die ab jetzt alles tun würde, um die Herrschaft über die Flotte an sich zu reißen. Ein Machtkampf werde entbrennen, dem sie und ihre Kin-

der zum Opfer fallen würden.
„Ich denke, es war umgekehrt, nicht du hast als Einziger überlebt, sondern mein Mann ist als Einziger gestorben."
Witwe Fang stand auf und verlangte von einer Wache das Schwert. Mit einem Hieb trennte sie den Kopf des Jungen von seinem Körper. Trat mit blutigem Katana vor die Gefolgsleute ihres Mannes und musterte jedes einzelne Gesicht eingehend. Was sie dort sah, gefiel ihr.

5 Da Hu

Tief in Da Hu schlummerte die Erinnerung an sein Heimatdorf, eine Mischung aus einzelnen Bildern und damit verbundenen Gefühlen.
Immer noch sah er den ersten Morgenglanz auf dem dunklen Fluss, wenn die Sonnenstrahlen die Spitzen der Wellen trafen und er an der Verteilung des Gekräusels erkennen konnte, wie stark die Unterströmungen waren und wo das Kehrwasser die Kraft hatte, sich der Stromrichtung entgegen zu stellen. Wusste noch immer, wie sie die Wassermengen abschätzten und ob gerade die Flut vom Meer flussaufwärts drückte. Fühlte den Wind, der mit den Gezeiten aus dem Süden kam und die Oberfläche so aufrauhte, dass es schien, als flöße der gewaltige Strom wirklich nordwärts. Spürte die Schwere der Krüge, aus denen beim schnellem Lauf das Wasser schwappte, weil er nach Hause rennen musste, um seinem Vater zu berichten, wie hoch das Wasser stand und welche Farbe es hatte. Liebte den anerkennenden Blick

des Vaters, der schon auf ihn wartete, um dann zu entscheiden, wo die Fische vermutlich standen und er die Netze ausbringen musste.
Manchmal lag ihm auch der Geschmack des Sommeressens wieder auf der Zunge, hauptsächlich mit Pfeffer und Essig gewürzte Hirse und gedämpfte Zwiebeln, die viel zu selten mit getrockneten wilden Vögeln und Fisch ergänzt wurden. Häufiger jedoch wütete der Hunger in Magen und Gedärm.
Fast jeder glücklichen Erinnerung an seine Kindheit folgte eine unglückliche.

Auch der Morgen, an dem die Piraten in das Dorf einfielen, begann mit einem warmen Sonnenschein, schien ein Glückstag, an dem er einen Krebs im seichten Wasser entdeckte und ihm immer weiter am Ufer entlang folgte. Doch dann sah er, selbst im Schilf verborgen, die Flussdjunke um die Biegung kommen und die Horde zerlumpter, mit Messern und Schwertern bewaffneter Männer und Frauen an Land gehen. Hörte wieder das Kriegsgeschrei, das Klirren und Schlagen, Stampfen, - oh das Wimmern seiner Mutter -, die Todesschreie, das Flehen der Gefangenen und das Prasseln des großen Feuers. Vermeinte noch immer die kräftigen Hände zu spüren, die ihn auf einmal von hinten packten, ihn wie einen Sack hochhoben und auf das Schiff trugen. Sah seinen Vater von einem Axthieb getroffen am Ufer zusammen brechen.

All′ das war schon lange her. Manche Bilder hatten bereits ihre Farben verloren, manche Gerüche waren verweht.
Jetzt war er selbst einer der Piraten, der 'Ladrones' wie

die Portugiesen sie nannten, war der Stiefsohn des Königs Fang, forderte Schutzgeld und überfiel die Dörfer, die es nicht zahlen konnten, war einer der Mächtigsten, stark und reich - und verlor nun zum zweiten Mal seinen Vater.

Nachdem der Tod des Piratenkönigs allen verkündet worden war und die Kapitäne der Flotten samt Gefolge gegangen waren, legten sich Beklemmung und Furcht wie ein schweres Tuch auf Witwe Fang und Da Hu. Sie schwankte und fand Halt an der Schulter ihres Ziehsohnes.

6 Geisel

Der Brite stierte sie mit leeren Augen an und bewegte sich nicht. Er ließ es gegenüber Madame Fang, die nach dem Tode ihres Gatten zur Gebieterin über mittlerweile zweihundert Dschunken und siebzigtausend Piraten geworden war, an der nötigen Ehrerbietung mangeln. Einer der Männer versetzte ihm einen heftigen Schlag auf den Rücken, der ihn zu Boden streckte.
„Bleib liegen und wage es nicht, die Augen zu erheben."
Madame Fang hieß den Kapitän der Rotflaggenflotte detailliert vom Aufbringen des britischen Handelsschiffs berichten. Eine Handvoll Männer war ihnen in die Hände gefallen, für die konnte Lösegeld verlangt werden.

„Ein Schiff der East India Company also“, hakte sie nach, „hatte es Opium geladen?“
„Nein, Seide, Gewürze, aber hauptsächlich menschliche Ware.“
„Sklaven?“
„Die haben wir umgedreht, die arbeiten jetzt für uns“.
„Lass sie den Briten bewachen.“
Die Männer lachten.

Die Wochen verrannen, die Lösegeldforderungen waren zunächst hoch, dann immer bescheidener. Die Geisel schrieb verzweifelte Bettelbriefe an die Kolonialherren und die chinesische Verwaltung.
Doch die Antwort blieb aus.
Weitere Wochen mit kärglichen Reisportionen, wenig Wasser, Moderdämpfen, Mücken und Malaria vergingen. Nur manchmal erweitern ein paar Insekten, Raupen, Heuschrecken, Kakerlaken den Speisezettel. Der Brite verlor seine Vorderzähne. Immer weiter ging es das Perlflussdelta hoch, immer weiter entfernten sie sich von den Außenposten der europäischen Welt. Im Verlies unter Deck verlor sich der Geist des Gefangenen in Träumen, Halluzinationen.

Bis eines Tages Sir Laugham in Vertretung der East India Company ein Angebot unterbreitete. Die armselige Geisel war ihm ein wenig Opium wert.
„Wer ist dieser Laugham? Will er uns wirklich mit 'fremden Dreck' abspeisen und kein Geld zahlen?“, vergewisserte sich Madame Fang und beschloss augenblicklich, „das lohnt nicht.“
Sie warfen den an Armen und Beinen gefesselten Briten über Bord.

7 Sir Laugham

„Es hätte nicht viel gefehlt und er wäre mir entwischt, aber ich habe ihn gekriegt, ich habe ihn gekriegt." Beflügelt vom Opium, das seinen Geist fliegen ließ und seine Zunge lockerte, brabbelte der alte Mann auf dem Polster in der Ecke vor sich hin, wähnte sich in einem Saal voller ergebener Zuschauer, die seiner Großartigkeit huldigten, seinem Charme, seinem Esprit. So wie früher, als dieser junge Admiral Da Hu ihm seine Aufwartung machte, die Marinesoldaten stramm standen, wenn sie die Reihen abschritten.
In Wirklichkeit war Sir Laugham nur noch ein Schatten seiner selbst, das Opium hatte ihm allen Hunger genommen, seinen Darm zerstört und es war nur eine Frage der Zeit, bis er starb. Aber noch hatte er Geld und das würde er im Hurenhaus von Madame Fang ausgeben oder in ihrem Casino verspielen.

War Sir Laugham nicht stutzig geworden und hatte sich gefragt, ob es sich bei der Bordellbesitzerin nicht um jene Madame Fang handelte, die einst mit ihren Stiefsohn und späteren Ehemann Da Hu und dem größten Piratenheer aller Zeiten das südchinesische Meer beherrscht hatte?
Hatte er nicht bemerkt, dass er sich ausgerechnet in die Nähe d e r Frau begeben hatte, der ein Menschenleben nicht viel bedeutete?
Die allen Grund hatte, das seine zu beenden?
Nein, ihm war nichts aufgefallen, er registrierte seine Umgebung kaum.

Vielleicht,
wenn das Opium ihn nicht schon immer in den Fängen gehabt hätte, hätte er sich gefragt, w a r u m es ihm einst nicht gelungen war, die chinesische Regierung dazu zu bringen, alle Piraten zu köpfen. Stattdessen hatte sie, – ohne auf ihn zu hören -, großzügig Amnestie gewährt und viele von ihnen zu Soldaten der eigenen Marine gemacht.
Wenn seine Überheblichkeit nicht immer schon so grenzenlos gewesen wäre, hätte er gesehen, wie eng Recht und Unrecht beieinander lagen und wie versponnen die Beziehungen zwischen Piraten, Fischern, Einheimischen und Soldaten waren.
Und wenn seine Ignoranz nicht so unüberwindbar gewesen wäre, hätte er sich die eigene Hilflosigkeit eingestanden, mit der er, immer ein Fremder bleibend, einem sozialen Geflecht gegenüber stand, in das er nie würde eindringen können.

Das Opium hatte fast jede Erinnerung ausgelöscht. Nur diese eine Sache war Sir Laugham noch gewärtig, die größte seiner vielen Taten, und die wurde - vom Rausch befeuert - zum leuchtenden Epos. Nur daran konnte er sich so genau erinnern, dass er wieder und wieder davon berichtete.
Der Mord an Da Hu wollte erzählt werden, schrie geradezu nach dem Licht der Öffentlichkeit. Die noble Tat eines britischen Gentleman, die der Vergeltung genügte und die Rachsucht seines Gottes befriedigte, musste der Welt kund getan werden. Er, Sir Laugham war es, der einst Da Hu - nein, nicht ermorden ließ - sondern der gerechten Strafe zuführte.
Warum hatte er damals geglaubt, er müsse alles so ver-

schleiern, dass alle Welt dachte, der ehemalige Piratenführer und nun zu unverdienten Ehren gelangte Admiral der chinesischen Flotteneinheit wäre wie sein Stiefvater auf See umgekommen?
Warum sich verstecken?
Jetzt war die Zeit, in der alles heraus musste.

Immer wieder brabbelte der alte Mann von der Erfüllung seiner moralischen Pflicht, der Hinrichtung Da Hus und seiner Männer, bis eine der Huren Madame Fang rief, und die hörte sich die Geschichte an.
Sie betrachtete lange den widerwärtigen Ausländer in der Ecke der Opiumhöhle, der ihren Ziehsohn und späteren Ehemann ermordet hatte. Jetzt war er nur noch ein elender Haufen menschlicher Zellen, fast schon zu Staub zerfallen. Sie ekelte sich vor ihm, den der 'fremde Dreck' zu dem gemacht hatte, was er schon immer gewesen war, Schmutz unter ihren Füßen.
Sie hätte abwarten können und ihm beim langsamen Verrecken zusehen, doch seit Da Hus Tod war ihr Leben etwas eintönig und die Freuden spärlich gesät.

Moorfluss

Als ich zum ersten Mal von Madame Fang hörte, saß ich auf einem Steg am Moorfluß und ekelte mich vor dem, was an meinen Sohlen klebte. Obwohl meine Beine noch so kurz waren, dass sie knapp zum Wasser hinunterreichten und nur wenige Zentimeter die Füße bedeckten, konnte ich nicht genau erkennen, ob ich den Hühnerkot hatte abstreifen können. Ich war wieder einmal in einen der schleimigen Haufen getreten.

Unsere Familie fuhr im Sommer fast jeden Sonntag aufs Land. Die Eltern fanden alles irgendwie romantisch, wollten die Erinnerung an die alte Zeit bewahren und uns Kindern das Leben auf dem Bauernhof zeigen. Vielleicht waren sie auch nur froh, das alles schon lange hinter sich gelassen zu haben.
Uns gefiel das Landleben auch nicht, weil wir alle - auch ich mit meinen sieben Jahren – in der Stadt einer Straßenbande angehörten, die auch am Wochenende wichtige Kämpfe ausfechten musste. Wir hatten andere Verpflichtungen. Doch das elterliche Regime war streng und so waren wir gezwungen, unsere Zeit mit den Hühnern zu vertun, die auf der Wiese am Fluß frei umher schweiften. Überall im Gras lauerten 'Tretminen'.

Der Kot war sogar zwischen meinen Zehen nach oben gequollen und hatte kleine schwarzweiße Würstchen gebildet, die ich schnell, ganz schnell abstreifen musste. Ich rubbelte die Füße aneinander. Mein großer Bruder setzte sich neben mich.
„Schöne Scheiße."
Das Wasser war so voller pflanzlicher Teilchen, dass meine Füße grünlich braun schimmerten, die Umrisse nicht klar auszumachen waren. Es roch nach Moder und Schlamm, ein bisschen wie aus den Kellerschächten in der Stadt.

„Wenn wir wenigstens ein Floß hätten“, fuhr er fort, „dann könnten wir auf die andere Seite des Flusses übersetzen und entkommen. Oder besser noch eine Dschunke. Oder besser noch, mehrere, Tausende.“
Während ich mich vorbeugte und versuchte, mit den Händen meine Füße zu erreichen, erzählte er mir von einer prächtigen Stadt an der Mündung des Perlflusses, von den Heldentaten des tapferen Piratenführers Fang und seiner riesigen Piratenarmee, die keiner besiegen konnte. Er konnte mir alles bildhaft vor Augen führen. Ich sah die Dächer der großen Stadt golden in der Sonne glitzern, Piraten, deren prächtige Schiffe übers Meer schossen und stellte mir vor, wie die Menschen mit großen Netzen Perlen aus dem Fluss fischten.
„Frauen waren damals auch Piraten“, sagte mein Bruder, „und du wärst dann Madame Fang, die Piratenkönigin der südchinesischen...“
In diesem Moment verlor ich das Gleichgewicht und fiel kopfüber in den Fluß. Es war nicht schlimm, auch nicht besonders kalt. Ich hielt die Augen offen und sah das Wasser vor mir seine Farbe wechseln, von Grün zu dunklem Braun, zu schwarzbraun. Je tiefer ich sank, desto dunkler wurden die Schichten. „So ist das also“, dachte ich und empfand keine Angst.
Bevor ich noch meiner Lage wirklich gewahr wurde, packten die kräftigen Hände meines Bruders mich am Arm und zogen mich hoch. Schwarz wurde wieder zu dunkelbraun, zu hellem Grün.
Den Eltern sagten wir nichts.

Flughafen Beijing - Ankunft

Fünf Jahrzehnte später fliegen meine erwachsene Tochter und ich nach Hongkong.
Es geht über Beijing. Dort schieben sie uns in den Transferbereich, in die abgeschottete Halle für Weiterflüge. Kaum zu glauben, dass wir in China sind. Wir verbringen ein paar Stunden inmitten all der international bekannten Marken, die die Läden in den Metropolen besetzen. Wie überall auf der Welt saugen Duty-free Shops muffig riechende Reisende ein und speien sie parfümiert wieder aus.
In den Shops und Cafés wird mit Kreditkarte bezahlt. Die Thekenkraft wiederholt das Wort 'Bargeld', als wären die Geldscheine Insekten, deren Anblick sie schaudern ließe. Der Morgenkaffee am kleinen Cafèstand kostet nur wenige Yuan, ein paar Klimpermünzen. Das Bezahlen wäre unkompliziert und das Einbeziehen von Geldinstituten unnötig, ist aber nicht erwünscht.
Im Shop einer amerikanischen Fastfoodkette wird nur noch an Terminals geordert. Eine ganze Reihe Entweder-Oder-Entscheidungen sind nötig, um eine vollständige Bestellung aufzugeben. Die Finger huschen über den Touchscreen, jedes 'Ja' wird mit einem fröhlichen Piep belohnt. Am Schluss müssen noch Zusatzfragen zu Dessert und Extra-Drinks beantwortet werden. Ja, nein, vielleicht. Wer weiß das so früh am Morgen schon? Wir reihen uns in verschiedene Schlangen ein, um schließlich unsere Tabletts mit Kaffee und Frühstück in Empfang zu nehmen. Das Rührei ist kalt.
Das Boarding lässt wegen irgendeines Zwischenfalls weiter auf sich warten. Die Sessel in der VIP-Lounge wären

tief und bequem, sind aber gut bewacht. Der Charterbereich ist überfüllt, Kinder quengeln, Mütter schnattern, eine Cola ergießt sich über den Boden, Väter schimpfen. Über allem schwebt der endlose Singsang chinesischer Flughafenmusik, ausschließlich honigsüße Klänge mit schmelzendem Timbre. Ohne Unterlass entschlüpfen flirrend hohe Töne zarten weiblichen Kehlen und krabbeln an den blankpolierten Fensterfronten hoch, wie kleine Spinnen, die im ersten Sonnenlicht ihre Fäden ziehen. Ein Netz aus schönen Klängen, das, – die Absicht ist klar erkennbar -, die angespannten Nerven der Reisenden umhüllen soll, die Gemüter beruhigen, und Aggressionen dämpfen. Nach vierzehn Stunden Flug und einer weitgehend durchwachten Nacht verfehlt jedoch jede angetragene Harmonie ihr Ziel.

Monsun

In den ersten Tagen türmen sich immer wieder schwarze Wolken über Kowloon und Hongkong Island auf. Sie werden von den hohen Bergen ringsherum festgehalten und können nicht weiter. Der Regen stürzt wie ein Fels zu Boden. Ab und zu treibt der Wind ihn in Schwaden vor sich her. Regenschirme klappen nach oben, werden verbogen, sind kaum festzuhalten. Wenn ich im einundzwanzigsten Stock aus dem Fenster und zwischen den anderen Hochhäusern hindurch auf ein kleines Stück Straße sehe, bemesse ich an der Zahl und Form der Schirme, wie schlimm es wieder wird.

In den kurzen Perioden zwischen den Regenfällen verdampft das Wasser und steigt wieder nach oben. Die Temperatur liegt zwischen achtundzwanzig und dreißig Grad - auch nachts. Die Luftfeuchtigkeit beträgt fast neunzig Prozent, die Nässe ist überall, kriecht unter die Kleider, breitet sich aus, füllt jede Pore. Die Flut kommt. Lungenbläschen schaukeln wie kleine rosarote Bojen auf den Wellen.

Zu alt für Hongkong?

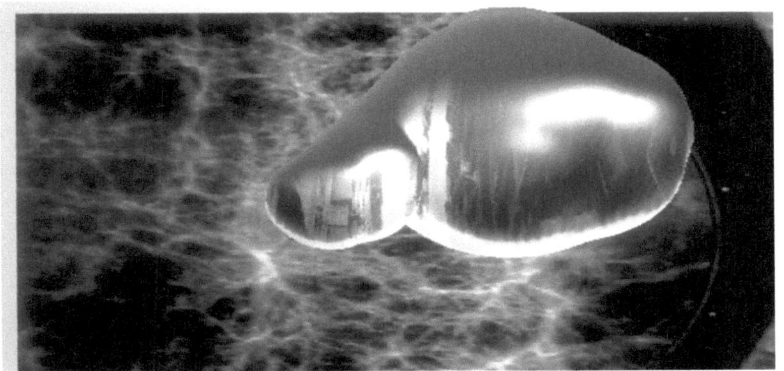

Anders als in New York, London oder Tel Aviv leide ich in Hongkong unter Orientierungslosigkeit. Bisher konnte das Gewimmel noch so dicht, die Straßen noch so krumm, der Verkehr noch so chaotisch sein, ich wusste, wo Norden und Süden ist, welche Straßen parallel zueinander laufen oder welche aufeinander treffen. Zumindest die grobe Richtung war mir meist klar. Auch wenn es nur up- oder downtown in Manhatten war.
Hier ist es damit vorbei!
Trete ich vom Hauseingang auf die Nathan Road, stehe ich vor einer Wand vielstöckiger Gebäude, die sich in ihrer Struktur nicht sehr voneinander unterscheiden. Reklameschilder blinken und flirren auf mehreren Ebenen übereinander, zeigen jeden Tag neue Bilder. Der Verkehr auf der linken Seite irritiert zusätzlich, sodass Fahrtrichtung hier immer das Gegenteil bedeutet. Trotzdem ist es mir nicht erklärlich, warum ich mich permanent in die falsche Richtung wende und um Ecken biege, die mich nur weiter in die Irre führen. Meine Tochter weiß fast

immer, wohin wir müssen und lacht mich aus.
Bin ich zu alt für Hongkong?
Mir fällt auf, dass ich meine üblichen Orientierungspunkte nicht ausmachen kann, prägnante Hausecken, Sonnenstand, besondere Gebäude.
Meine Tochter hatte von Anfang an ein anderes System.
Unsere Koffer waren verloren gegangen und wir hatten am ersten Tag eine Garnitur Kleidung und ein paar Kosmetikartikel kaufen müssen. Glücklicherweise fanden wir die Filiale einer Handelskette, die auch für normalgewichtige Europäerinnen Waren bereit hält. An diesem Geschäft orientiert sie sich, zieht Fäden zu bekannten Fastfoodrestaurants und -cafés in der Nähe, spinnt so ihr Netz und hangelt sich an den 'Knotenpunkten' international bekannter Marken entlang.
Ich hingegen gehe vor der geballten Konsumwelt in die Knie, soweit, dass ich nicht einmal in der Lage bin, einen - zugegebenermaßen chinesisch beschilderten - Supermarkt als solchen zu erkennen, selbst wenn ich direkt davor stehe.

Frau Wangs Wohnung

Frau Wang schätzt sich glücklich, eine Arbeit gefunden zu haben, von der sich leben lässt. Zusammen mit Frau Han und Frau Zhang steht sie an der Nathan Road und bietet den Passanten Prospekte verschiedenster Art an. Die Flyer wechseln von Tag zu Tag, heute preisen die bunten Blätter ein Seafoodrestaurant in einer Seitenstraße, gestern warben sie für ein bekanntes Antiquitätengeschäft, morgen vielleicht für eine Hafenrundfahrt. Frau Wang hat diesen Platz in einer Nische zwischen zwei Juweliergeschäften von deren Inhabern gemietet. Wenn die Polizei sie kontrolliert, kann sie sogar einen schriftlichen Kontrakt vorweisen. Sie darf hier stehen, es ist i h r Standplatz, den sie jederzeit und unter Einsatz aller Kräfte verteidigen wird.

Für das Verteilen der Flyer bekommt sie von den jeweiligen Unternehmen einen festgesetzten Lohn, sodass sie es sogar hat wagen können, sich eine eigene kleine Wohnung zu mieten. Sie ist die erste in ihrer Familie, die eine Haustür hinter sich schließen kann, keinen anderen Menschen hereinlassen muss und so viel Zeit, wie sie möchte, allein verbringen kann. Ein unerhörtes Privileg.

Frau Wang hat natürlich einige Verehrer. Keine andere steht so fest und stark auf beiden Beinen und stemmt sich so energisch dem steten Menschenstrom auf Kowloons Prachtstraße entgegen. Keine andere drückt mit derartiger Emphase den Desinteressierten die Flyer in die Hand, dass diese gar nicht anders können, als sie dankend anzunehmen. Und nur Frau Wangs Stimme ist so markant, dass sie im Straßenlärm nicht untergeht und auch den eiligsten Touristen dazu bringt, verwirrt inne zu halten. Sie ist eine gute Werberin und wird eine tüchtige Ehefrau abgeben. Von Zeit zu Zeit schauen daher Herr Ye und Herr Su vorbei, winken ihr zu, wechseln ein paar freundliche Worte mit ihr und versuchen, sie zu irgendeiner gemeinsamen Unternehmung zu überreden. Die meisten Aussichten auf ein Rendezvous hat Herr Ding, der es nie versäumt, ihr einen Mangomochi vom Straßenhändler in der Seitenstraße mit zu bringen. Manchmal ist es eben nur eine Kleinigkeit, die den Unterschied ausmacht. Herr Ding ist zudem sehr gutaussehend, ein prächtiger Mann von großer und kräftiger Statur. Frau Wang hat ein gutes Augenmaß und schätzt seinen Körper auf eine Höhe von mindestens einen Meter neunzig.

Heute ist sie müde. Der Tag war lang, die Hitze wegen der hohen Luftfeuchtigkeit schwer erträglich. Auch in den Nachtstunden hat es sich in den Straßenschluchten nicht sonderlich abgekühlt. Nur mit äußerster Willenskraft hat sie solange ausgeharrt, bis der letzte Handzettel verteilt ist. Sie schafft es gerade noch, die letzte U- Bahn zu erwischen. Gegen zwei Uhr nachts schließt sie die Wohnungstür hinter sich, entledigt sich ihrer Kleider und lässt sich ins Bett fallen.

Am nächsten Tag hat sie frei, steht aber früh auf, um ihn von der ersten bis zur letzten Sekunde auszukosten. Sie tastet nach dem Lichtschalter, die Neonröhre erhellt den Raum. Sie klappt die Matratze hoch und lehnt sie an die Wand, darüber breitet sie ein buntes Tuch, schnuppert dann an Kissen und Decke, ob sie vielleicht schon in die Wäsche müssen, befindet sie aber noch sauber genug

und schiebt sie unten ins Regal, das, – rechts von der Wohnungstür -, die gesamte Wandfläche einnimmt und bis zur Decke reicht. Sie drückt auf den Knopf der Fernbedienung und ein kleiner Flachbildfernseher baut sein Bild auf. Eine junge Frau wirbt in einem aggressiven und vorwurfsvollen Ton für Desinfektionsmittel.
Gleich daneben schließt ein Vorhang den Raum ab, dahinter liegt das Bad. Frau Wang zieht ihn zur Seite. Eine überraschend groß dimensionierte Toilettenschüssel steht quer zum Raum. Putzmittel, Eimer, Besen und Schaufel sind dahinter geklemmt. Auf dem Rand eines kleinen Waschbeckens stehen ein Zahnputzbecher mit Bürste und Zahnpasta und ein Behälter mit Flüssigseife. Ein Kamm, eine Tube mit Gesichtscreme, Wimperntusche und zwei Lippenstifte liegen auf dem Spülkasten. Gern hätte Frau Wang auch noch eine Waschmaschine, aber gegenüber der Toilette sind nur zwanzig Zentimeter Platz und den braucht sie für einen Wäscheständer. Daher wäscht sie ihre Kleidung meist mit der Hand und hängt sie am Gestell, an den zwei Stangen, die von der Decke baumeln und an vielen kleinen Nägeln auf, die sie rundherum angebracht hat. Direkt über der Toilettenschüssel lässt ein kleines vergittertes Fenster das Tageslicht herein. Es ist das einzige in der gesamten Wohnung, aber es lässt sich öffnen. Für Frau Wang war das bei der Anmietung ausschlaggebend, denn viele Appartements haben ja überhaupt keines oder nur eines, das man nicht aufmachen kann. Wenn sie den Flügel zur Seite klappt, fährt sogar ein leichter Luftzug herein, nimmt die schlechte Luft weg und trocknet Kleidung und Handtücher.
Frau Wang wäscht sich mit einem Waschlappen und folgt dabei den Handlungsschritten, die sie für die Kör-

perpflege an einen arbeitsfreien Tag vorgesehen hat. Leider ist das Wasser aus dem einzigen Hahn in der Wohnung kalt, die Hausverwaltung hat offenbar das heiße Wasser abgeklemmt. Aber das verdrießt Frau Wang nur im Winter. Heute ist sie über jede Abkühlung froh, besonders über die Morgenluft, die hereinweht. Sie scheint ihr weniger feuchtigkeitsgeschwängert als in der vorigen Nacht zu sein. Sie lässt den Vorhang offen, damit auch der Mief aus dem Hauptraum und später der Essensgeruch durch die Gitterstäbe vor dem Fenster entweichen können.

Einen Teil ihrer Kleidung bewahrt Frau Wang ebenfalls im großen Regal auf, Unterwäsche, Socken, Strümpfe, Strumpfhosen, zwei Jogginghosen, T- Shirts und Pullover. Vor den Fächern hängen an kleinen Nägeln, die sie von außen in die Regalbretter geschlagen hat, in mehrere Lagen übereinander Blusen, Kleider und Jacken und der Wintermantel. Diese Sachen muss sie beiseite nehmen, um an ihre Unterwäsche und legere Freizeitkleidung zu gelangen. Frau Wang stellt sogar ihre Schuhe in ein Fach und nicht einfach irgendwo auf den Boden.
Fertig angezogen wendet sie sich ihrem Kochbereich zu.
Auf einem Schränkchen voll mit Küchengeschirr, Essschalen, einer großen Schüssel und drei Tassen, sowie Büchsen mit Reis, Tee und Gewürzen, steht ein kleiner Kühlschrank, den Frau Wang als großen Luxus empfindet. Darin eine kleine Schale mit Reis, Pak Choi und Pilzen vom Vortag.
Neben dem Kühlschrank auf einem kleinen Unterschrank, der im wesentlichen weitere Vorräte wie Linsen, getrocknete Pilze, Ingwer und Chillies – alles sorgsam in verschlossenen Gläsern - enthält, stehen eine elektrische

Kochplatte und der Teekocher. Darüber baumeln an vielen Nägeln ein Wok, eine zweite kleine Pfanne, zwei Töpfe, eine Schaumkelle und ein Rührbesen und zwei große Löffel, sowie mehrere Plastiktüten mit frischen Lebensmitteln wie Zwiebeln und Knoblauch, aber auch welche mit Lappen, Papieren, Abfall und sonstigem.
Frau Wang brüht sich einen Tee, dreht sich dann um und reckt sich ein wenig, um Klappstuhl und -tisch zu erreichen, die über der Wohnungstür an zwei Haken hängen. Da sie keinen Besuch erwartet, stellt sie den Stuhl direkt vor den Eingang und das Tischchen daneben. Die Teetasse findet darauf Platz und Frau Wang kann jetzt die Kochplatte anschalten, den Wok daraufstellen, etwas Öl hineingießen, den Kühlschrank öffnen und die gekühlte Speise erwärmen. Alle Handlungen führt sie sorgsam und nicht nur wegen der räumlichen Enge mit Bedacht aus. Schönheit der Bewegung, Rhythmus und Gleichmaß sind ihr wichtig.
Jetzt fehlt nur noch das Bild ihrer Familie, auf dem ihre Eltern und Brüder feierlich aufgereiht vor einem Porträt des großen Parteiführers misstrauisch und etwas ängstlich in die Kamera blicken. Frau Wang nimmt es jeden Morgen herunter und stellt es vor sich auf den kleinen Tisch, um in Gesellschaft zu frühstücken. Es steht im großen Regal auf Höhe des Fernsehers. Ein Ordner und eine kleine Holzschatulle bewahren ihre offiziellen Dokumente. An dem Kistchen lehnt dieses Foto, das einzige, das sie von ihrer Familie hat.
Doch heute nicht.
Es ist fort.
„Der Wind hat es vielleicht heruntergeweht“, vermutet Frau Wang, obwohl kein Luftzug mehr spürbar ist und blickt sich suchend um.

Der Boden ihrer Wohnung ist makellos sauber, denn sie achtet immer peinlich genau darauf, dass kein Krümel und keine Kleidungsstücke auf dem Boden liegen und nur das in den Ecken herumsteht, was sie beim besten Willen nicht an irgendeinem Nagel an der Wand aufhängen kann. Der Boden muss frei sein, damit sie ihn jeden Tag fegen und einmal in der Woche wischen kann. Das gibt einen frischen sauberen Geruch und hält die Kakerlaken fern. Wenn also das Bild hinuntergeweht worden wäre, müsste es schnell zu finden sein. Frau Wang nimmt den Besen und kehrt den Boden, stochert in jede Ecke. Außer zwei kleinen Staubflusen kommt nichts zum Vorschein. Dann legt sie sich auf den Bauch und lugt unter das kleine Schränkchen, das als einziges auf kleinen Beinen steht. Tastet vorsichtshalber mit den Fingern den Boden ab, falls sich das Foto irgendwo verklemmt hat. Auch dort ist nichts.

Sie stellt Tee und Reisschale auf den Kühlschrank, klappt Tisch und Stuhl zusammen und hängt die Möbel wieder an die Haken über der Tür. So hat sie Platz, um die Matratze wieder nach unten zu kippen, denn das Familienbild hätte ja dahinter gerutscht sein können. Auch Decke und Kissen werden wieder aus dem Regal gezerrt und eingehend untersucht. Dann stellt sie alles wieder an seinen Platz und beginnt mit der systematischen Suche im Regal, nimmt alle Kleidungsstücke weg, die daran hängen und leert jedes Fach. Arbeitet sich dabei von unten nach oben durch, schaut hinter den Fernseher, nimmt die kleinen Götterstatuen heraus, sieht Stapel von Glücksbriefchen durch, blättert in jedem Buch, in jedem aufbewahrten Brief, inspiziert die Schatulle mit den wichtigen Dokumenten noch einmal ganz genau und nimmt sich dann die unzähligen Plastiktüten vor,

die an jedem freien Winkel an der Wand hängen, obwohl es sehr unwahrscheinlich ist, dass die prächtige Fotografie ihren Weg dahin hätte finden können. Schließlich durchsucht sie mit der gleichen Sorgfalt ihr kleines Bad.
„Der Wind hat es hinausgetragen", folgert sie daraus und sieht aus dem Fenster, als erwarte sie, das Bild in diesem Moment davon fliegen zu sehen.

So muss Frau Wang das erste Mal in ihrem Leben allein frühstücken - ohne die misstrauischen Blicke ihrer Familie. Zuerst noch ein wenig ängstlich und zaghaft, dann zunehmend selbstbewusster werdend, trinkt sie nicht etwa den kalten Tee aus, wie es die seit Generationen in der Familie Wang überlieferte Sparsamkeit geboten hätte, sondern schüttet das kalte bittere Gebräu einfach in die Toilette. Sie schneidet ein wenig Knoblauch klein und fügt dem Reisgericht kurzerhand noch ein paar Tropfen Sojasauce hinzu. Auch das kommt in der Provinz Guangdong nicht häufig vor. Dann brüht sie sich einen Jasmintee auf und nimmt das Mangomochi aus dem Kühlschrank, das ihr Herr Ding am Vortag verehrt hat.
Es schmeckt köstlich.

Nach dem Frühstück räumt Frau Wang auf und sieht im Bad aus dem Fenster. Der Gebäudekomplex hat die Form eines U. Frau Wang wohnt im westlichen Flügel, ihre Freundin Frau Han im östlichen, sodass sie sich praktisch gegenseitig in die Wohnungen sehen könnten, wenn der gesamte Komplex nicht riesengroß wäre, Tausende von Appartements beherbergte und insgesamt dreißig Stockwerke in die Höhe ragte. Frau Wang zählt daher von unten einundzwanzig Stockwerke hoch und geht dreizehn Fenster nach links. Und siehe da, es steht offen, die Freundin ist also zuhause. Sie ruft sie an und lädt sie auf eine zweite Tasse Jasmintee ein. Während die Freundin sich auf den Weg macht, klappt Frau Wang Tischchen und Stuhl zusammen, damit sie die Wohnungstür öffnen kann. Frau Han wird ihren eigenen Klappstuhl mitbringen und ein paar Kekse.

Frau Wang erzählt ihr von dem verlorenen Foto, Frau Han berichtet von den Nachbarn, die ewig streiten, von Herrn Lin, den die Drogen zu einem Skelett hätten abmagern lassen und von Familie Gu, die ein weiteres Kind erwarte, obwohl ihre Wohnung nicht größer als die von Frau Wang sei. Frau Wang schlägt vor, einen Spaziergang zu machen, aber der Monsun stellt eine weitere Regenwand vor das Fenster. Schließlich kommt das Gespräch auf Frau Wangs Verehrer.
„Hast du ein Glück“, seufzt Frau Han, „gleich drei.“
„Ich mag mein Leben, so wie es jetzt ist.“
„Willst du keine Familie?“
„Ich weiß nicht. Gestern hätte ich vielleicht noch eine gewollt“, sagt Frau Wang, “aber jetzt weiß ich es auf einmal nicht mehr.“
Frau Han wackelt mit dem Kopf: „Du bist dein eigener Herr, oder besser - deine eigene Frau.“
„Und ich hab Freundinnen und vor allem dich“, antwortet Frau Wang und kann nicht verstehen, warum solche Worte aus ihr herauskommen.
Etwas verlegen sitzen die beiden voreinander.
Frau Han zerrt ihr Handy aus der Tasche: „Schau, ich habe jetzt einen Hamster, einen ganz kleinen.“

„So einer nimmt nicht viel Platz weg“.
„Anders als zum Beispiel Herr Ding.“
Die beiden lassen ihre Blicke durch die Wohnung schweifen, die insgesamt siebeneinhalb Quadratmeter misst und stellen sich den riesigen Herrn Ding darin vor, der kaum seine Beine würde ausstrecken können.
Frau Han und Frau Wang sehen sich an und kichern.

Herr Cheng und der Ruhm

Herr Cheng ist extrem fleißig und strebsam. Mühelos übersteht er den schulischen Drill in Kindheit und Jugend, beherrscht schon in jungen Jahren mehr Schriftzeichen, als so manch alter Mensch im Laufe seines gesamten Lebens erlernen kann und macht somit seinen Eltern viel Freude. Als einziger aus Nanzhoucun, einem kleinen Dorf am Ufer des Perlflusses, schafft er die Aufnahmeprüfung der Guangdong University of Technology in der Stadt Guangzou, auch bekannt als Kanton. Daraus - und aus der Tatsache, dass seine Eltern die jährlichen 18000 Yuan Schulgeld zahlen können - ergibt sich wie von selbst seine Teilnahme am neu aufgelegten Architekturprogramm der Universität. 2008 macht er als

erster seines Jahrgangs den Master in Architektur und Bauingenieurswesen.
Herr Cheng fühlt sich zu Großem berufen, zur Konstruktion riesiger Hochhäuser, die überdies mit den Grundsätzen von Geomantie und Feng shui in Einklang stehen. Selbstverständlich versperren seine Gebäude den Drachen der Berge nicht die Sicht aufs Meer. Hingegen machen die bösen Geister - verwirrt von der Linienführung in den Eingangshallen und der Anordnung der Rolltreppen – am Eingang entnervt kehrt. Herr Cheng will nur das Beste.
Er macht auch alles richtig, gewinnt als Newcomer gleich einen Architekturpreis, findet daraufhin Anstellung in einem renommierten Baubüro und arbeitet sich innerhalb weniger Jahre - und unter Aufgabe jeden Privatlebens - in die entscheidungsmächtige Führungsebene hoch. Herr Cheng will nichts weniger, als eine neue Welt erschaffen, eine, in der Licht und Luft das Leben der Menschen erleichtern. Sauberkeit und Glanz sollen die Schatten der Vergangenheit vertreiben und der matte Schein gebürsteten Metalls, die Lichtreflexe auf blankpolierten Marmorböden und der edle Schimmer lotusbeschichteter Fassaden sind für ihn die ersten Vorboten eines zukünftig glücklicheren Hongkongs. Das First Financial Center im Süden Kowloons nahe der Hafeneinfahrt, das wie ein überdimensionierter mahnender Finger in den Himmel ragt, weist ihm die Richtung für seine Pläne und Entwürfe. Vielleicht ist es aber auch – natürlich nur zu einem sehr kleinen Teil - der damit einhergehende Ruhm und das Ansehen in der Welt von Ästhetik und ungeheurem Reichtum, die ihn insgeheim beflügeln.
Herr Cheng entwirft seither nicht nur einzelne Symbole

der Macht, Türme der Hochfinanz, wie sie überall auf der Welt zu finden sind, sondern gleich ganze Bankenviertel. Dabei achtet er streng darauf, dass keine Wohngebäude in architektonische Konkurrenz zu seinen Prachtbauten treten. Undenkbar, dass sich die einfachen Bewohner eines dreißigsten Stocks in Augenhöhe mit der Führungsetage einer Weltbank befänden, ja den Mächtigen vielleicht sogar freundschaftlich zuwinkten. Daher besteht er auf große Abstandsflächen sowohl zu den Wohngebieten, als auch zwischen den einzelnen Finanztürmen. Er begründet dies wiederholt mit viel Luft und Licht, die er der Bevölkerung natürlich gönnt.
Den Menschen hingegen schmerzt ihr Nacken durch den ständigen Zwang, der Außenlinie des Hauses folgend nach oben starren zu müssen. Angesichts dessen kommen sie sich sehr klein vor, – und da Herr Cheng ihnen Laufbänder baut, Tunnel und Übergänge, damit auf den prächtigen Boulevards mehr Platz für die Rolls-Royce und Ferraris bleibt -, fühlen sie sich wie Ameisen in ihrem Bau.
Die Gänge, in die er die Menschen pfercht, enden meist vor den Schaufenstern der großen Marken, die sie nur anbeten dürfen. Die in edle schwarze Anzüge gehüllten Sicherheitsmänner von Prada und Gucci sehen durch sie hindurch, als hätten sie keine Substanz, als wären ihre Körper transluzid. Darüberhinaus verlieren sie in den verschachtelten Ebenen von Chrom und Glas jede Orientierung, ihre Selbstachtung schrumpft, sie werden unsicher und manipulierbar und lassen sich ohne Gegenwehr erpressen und ausrauben. In den Städten, die von seiner Architektur geprägt sind, steigt der Gini-Koeffizient in ungeahnte Höhen und der Graben zwischen Arm und Reich vertieft sich zu einem Höllenschlund.

Herrn Chengs Entwürfe werden von Hongkong bis Singapur und von Dubai bis New York gefeiert, er gilt als einer der größten Architekten der Gegenwart. Einflussreiche Geldgeber rennen ihm die Tür ein.
Eines Abends schmökert er in einem Buch zur europäischen Architekturgeschichte und stößt dabei auf die Bauten von Albert Speer. Er liest lange an diesem Abend und holt sich weitere Literatur zu Hitlers Hausarchitekten. Was er sieht, gefällt ihm. Dessen Art zu bauen, die Menschen in ihre Schranken zu weisen und dabei Bedeutung und Größe der Mächtigen zu verherrlichen, trifft genau seinen Geschmack. Auch stellt er mit Befriedigung fest, dass Speers Ruhm bis in die Gegenwart reicht, dass ihn Jahre nach seinem Tod die Menschen immer noch kennen, seine Bauten immer noch stehen. Es stört ihn nicht, dass dessen Werke zur faschistischen Architektur gerechnet werden. „Man kann es nicht allen recht machen“, sagt Herr Cheng.

Kakerlake*

Die Kakerlake zeigte sich zuerst mitten auf dem Bürgersteig im südlichen Teil der Nathan Road, wo sie – am Rand des Bezirks Tsim sha shui – zur Prachtstraße von Kowloon wird. Zwei Passanten, zu einem Pärchen innig verflochten, bemerkten sie gerade noch rechtzeitig. Das Paar teilte sich in der Mitte, die Unterkörper bogen auseinander, während die Arme noch ineinander verschlungen blieben. So entstand ein Tor, das der Kakerlake Platz und würdigen Rahmen bot.

Das zweite Mal kroch sie über die niedrige Steinmauer, die die Praya Road auf Cheung cha vom Hafen trennt. Es war schon dunkel, sie war nur als Schatten erkennbar. „Ein großer Käfer", vermutete meine Tochter hoffnungsvoll.

Das dritte Mal war ihre Anwesenheit nicht klar erkennbar, sondern nur vermutet. Im Hotelbett krabbelte etwas über ein Bein, bei Licht besehen war da jedoch nichts.

Das vierte Mal suchte sie meine Träume heim und begab sich in den Kofferraum des in Europa verbliebenen KFZs. Ich erschrak heftig, es war mir – besonders in der

Intimität des Traumereignisses – nicht möglich, über ein friedvolles Zusammenleben mit dem Insekt nachzudenken. Ich überlegte kurz, ob ich mein Auto entsorgen sollte, entschloss mich dann aber, die Kakerlake zu zertreten.

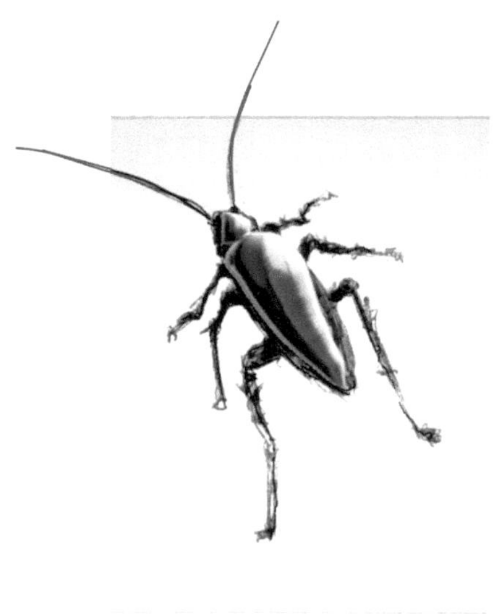

* Eine erste Version der Geschichte ist im österreichischen Literaturmagazin „Mosaik“ veröffentlicht, Ausgabe 2/2019

Subtropische Gefilde

Der Monsun macht eine langersehnte Pause, die feuchten Schwaden, in denen das Atmen so schwer war, wurden von freundlichen Winden fort geblasen. Der Sand ist getrocknet, leichte Wellen rollen ans Ufer. Die Luft ist seidig, der Himmel weit, und hoch oben ziehen zwei Raubvögel ihre Kreise. Die Nachmittagssonne scheint mild auf den einsamen Strand. Nur ein Pärchen in Straßenkleidung sitzt unschlüssig auf der Steintreppe, die zu den Umkleideräumen führt.

Ein bisschen erinnern die hohen senfgelb gestrichenen Räume an die Turnhallenumkleiden meiner Kindheit. Zweckmäßig, sehr sauber und einschüchternd. Die Holzbänke sind mit Unmengen Schweiß, Träumen, Freundschaften, Intrigen und Tränen vollgesogene, der Steinboden in Salz-und Pfefferoptik blank gescheuert. Eine alte Frau mit Wischmop in der Hand blickt missmutig auf den Sand, den meine Tochter und ich an den Füßen hereintragen.

Trotz der Nähe zur Metropole ist der breite Strand sauber. Kein Unrat taumelt in den Wellen. Das Wasser wirkt nur ein wenig ölig, das Licht verschluckt von schwerem Dunkelgrün. Nicht einmal in Ufernähe mischt sich seine Farbe mit der des hellgelben Sands zu dem leuchtenden Türkis, das man gemeinhin mit den Tropen verbindet. Vielleicht sind es die letzten Spuren der Regenzeit, oder schon die Vorboten der heraufziehenden Taifunsaison, die das Meer trüben.

Nur ein verhältnismäßig kleiner Abschnitt ist zum Baden bestimmt. Ein breiter gelber Schlauch zeigt den Verlauf des schweren Hainetzes an. Dicke Seile, enge Ma-

schen, das Gewebe wirkt stabil und reicht bis an den Strand, um auch im flachen Wasser keinen Räuber hinein zu lassen. Innerhalb des abgesperrten Bereichs, vom Netz circa sieben bis acht Meter entfernt, markiert eine Reihe von Bojen den eigentlichen Schwimmbereich. Dazwischen offenbar eine Art Todeszone. Eine Durchsage in sanftem Chinesisch, daraufhin das Bellen der englische Fassung. In einer halben Stunde beenden die Lifeguards ihre Arbeit, dann wird kein Leben mehr gerettet. Aber noch kreuzen zwei Boote mit rotgelb uniformierten Männern im Niemandsland zwischen Hainetz und Schwimmbojen hin und her, der hohe Wachturm am Strand ist besetzt und ein weiteres Fernglas steht auf dem Balkon oberhalb der Umkleideräume bereit, um, wenn es dann gilt, die Wasserfläche nach Ertrinkenden abzusuchen. Eine einzige Europäerin wiegt sich im flachen Wasser, das helle Haar zu einem Knoten gebunden und zwei kleine Kinder lassen sich von den Wellen den Strand hoch scheuchen. Sonst ist keiner im Meer.
Wir gleiten ins Wasser. Es ist wie ein ölige zweite Haut, riecht nach nichts, ist aber anders als in den Meeren, die wir kennen. Sehr warm, sehr angenehm, wie ein weiches grundloses Daunenbett, ein südchinesisches Willkommen. Wir passieren die Blondine, wollen zu den Pontons weiter draußen. Ein kleiner weißer Plastikfetzen berührt mich am Arm. Eine Welle bricht, wieder piekt etwas, meine Tochter spürt es auch.
Plötzlich durchbricht etwas kurz vor uns die Oberfläche, das Wasser explodiert, es schießt zwei, drei Meter steil in die Luft, beschreibt einen weiten Bogen, ein silbriger Streif, ein fliegender Fisch. Er taucht wieder ein, ein paar Meter weiter springt er erneut. Ein zweiter, ein dritter tun es ihm nach. Fische im Himmel - Exocoeti-

dae – ziemlich große Exemplare.
Fliegen fliegende Fische zum Vergnügen, oder aus Furcht vor großen Räubern?
Zum Glück ist die schwimmende Plattform nicht mehr weit. Die Schwimmkörper sind weiß und blau gestrichen, an vielen Stellen kommt der Rost durch. Auf der Seite steht in Englisch, dass man keinesfalls ins Wasser springen darf. Ist das nur den Fischen vorbehalten?
An den Algen auf den unteren Sprossen der Leiter knabbern gestreifte kleine Barben. Die ganze Konstruktion knarrt und ein kleiner singender Ton hallt in den blechernen Hohlräumen. „Triangle", sagt meine Tochter, „ist einer der besten Horrorfilme aller Zeiten".
Das Metall hat die Wärme des Tages gespeichert, sanft wiegt uns das Meer. Am Strand quäken die Lautsprecher in mahnendem Singsang, ab jetzt sind wir uns wirklich selbst überlassen. Die Lifeguards werfen die Motoren an und steuern auf den Strand zu, wahrscheinlich werden die Ferngläser, die nur ihnen hatten folgen müssen, jetzt beiseite gestellt. Die Sonne wirft die ersten langen Schatten, ein Teil des Strandes versinkt in bläulicher Dämmerung.
Die Stunde der fliegenden Fische hebt an. Immer mehr springen aus dem Wasser, um uns herum, überall, vor und hinter uns, hier ein Platschen, dort eines. Wir wenden und drehen die Köpfe, kommen nicht mehr hinterher, so viele sind es. Sie messen bestimmt einen halben Meter, schwarz mit silbernen Bäuchen. Wie viel größer müssen ihre Verfolger sein?
„Im südchinesischen Meer gibt es unglaublich viele verschiedene Haie", sagt meine Tochter, „Fuchshaie, Korallenhaie, allein sechs Vertreter der Gruppe Carcharhinus, genauer gesagt: Seidenhaie, Bullenhaie, Schwarzspitzen-

haie, Weißspitzenhochseehaie, Braunhaie, sogar Galapagoshaie. Zwei Sorten Hammerhaie, Sandtigerhaie, Heringshaie, Kurzfloss-Makos, Katzenhaie, Blauhaie, so exotische Spezies wie Riesenmaulhaie (Megachasma pelagios) und“, es folgt eine versonnene Pause, „Rincodon typus, Walhaie.“

Unsere Badeanzüge sind mittlerweile fast trocken, die Schatten der Berge rasen über die endlose Wasserfläche auf uns zu, Herrscharen fliegender Fische schießen aus mittlerweile schwarzdunklen Tiefen.

„Immerhin keine weißen Haie“, hoffe ich.

„Carcharodon, der große weiße Hai, Hongkong ist bekannt dafür.“

In subtropischen Gefilden überfällt einen die Nacht ganz unvermittelt.

Ragnfred und die Religion - Der lange Weg nach Won Tai Sin

Jütland

Ragnfred existiert seit vielen Jahrhunderten, seine Heimat ist der Norden Europas.
Die Erinnerungen seiner Väter, die alle seinen Namen trugen, reichen bis in die Zeit von Gorm und Thyra, den Eltern der mächtigen Jellingdynastie. Damals herrschten die alten Götter in Asgard und das dänische Königspaar in Midgard.
Es war im Wesentlichen eine gute Zeit. Ragnfred und alle Untertanen waren zufrieden, denn die Königin wanderte über das Land und las Getreideähren auf, die sich in ihren Händen auf wundersame Weise vermehrten und ganze Speicher füllten. Thyra konnte ihr ganzes Volk ernähren. Keiner stöhnte vor Hunger, keiner litt Not.
Doch das erregte den Neid der feindlichen Völker aus dem Süden. Immer wieder drangen die Fremden bis weit in das jütische Reich ein und Thyra sah sich gezwungen, zum Schutz ihres Volkes und zur Wahrung des Friedens, das Danewerk, ein System von mächtigen Wällen und einem Seesperrwerk vor der Mündung der Schlei errichten zu lassen. Das gewaltige Bauwerk würde sowohl auf Land als auch auf See den Feinden Einhalt gebieten. Sie beauftragte Ragnfred, den geschicktesten aller jütischen Baumeister.

Bevor sich Ragnfred an die Errichtung des Hauptwalles machte, musste ein älterer Wall instandgesetzt und verbreitert werden. Er bestand in der Hauptsache aus Heide-, Gras- und Torfsoden und sollte auf vier Meter erhöht werden.
Die langen Sommertage und der Wind hatten das sumpfige Land weitgehend trocken fallen lassen, sodass sich in den Gräben, die durch den Abbau der Soden entstanden waren, nur wenig Wasser sammelte. Aus einem dieser Gräben tauchte Leanders Kopf auf: „Ragnfred, seht, was wir gefunden haben." Er fuchtelte wild mit den Armen: „Kommt her, seht es euch an." Ragnfred schlenderte widerwillig zu seinen Arbeitern hinüber. Leander deutete auf einen großen Torfbrocken: „Da ist etwas darinnen verborgen." Ragnfred sah nur die Haare eines alten Fells: „Ein Tier, was kümmert´s dich?"
„Nein, Herr", Leander bog das harte Leder etwas zur Seite, „mit Verlaub, es ist ein gegerbtes Fell und umhüllt ein Geheimnis. Vielleicht einen Schatz." Er fügte hinzu: „Den ich gefunden habe."

Schicht um Schicht brachen sie das steinharte Gewebe auf und ein ziemlich kleiner menschlicher Schädel kam zum Vorschein. Die Knochen waren dunkelbraun, Haut und Fleisch des Gesichtes vollständig vergangen.
„Ein Sachse ist das nicht", Leander schien enttäuscht.
„Von unseren Mannen auch keiner."
„Wahrscheinlich eine Frau, vielleicht ist irgendwo ein bisschen Schmuck."
Die dünne Knochenplatte an der Schläfe war zerborsten. In den leeren Augenhöhlen schienen winzige Lichter zu glimmen. Vielleicht war es aber nur das Sonnenlicht, das sich in ein paar Wassertropfen spiegelte. Als Ragnfred

über das Gesicht strich, fiel der Unterkiefer herunter, als ob die Tote sprechen wollte. Leander wich einen Schritt zurück. Auch Ragnfred war beunruhigt.
„Vielleicht ist sie nicht lange tot und noch auf der Reise?“
„Mir scheint, das ist kein Grab. Sie ist nicht in Ehren bestattet worden.“
„Ein wildes Tier hat sie überfallen und totgebissen.“
„Das Loch in der Schläfe ist riesengroß, welches Tier hat solche Zähne?“
Alle nickten und dachten an das Gleiche, nur Leander sprach es aus: „Es muss eine riesige Bestie gewesen sein, wenn es überhaupt etwas Irdisches war.“
„Und wer wickelte sie nach dem Mord in dieses Fell?“
Jetzt war es heraus, mit dem Schädel stimmte etwas nicht.

Ragnfred konnte sich kaum überwinden, ihn weiter frei zu legen. Als ein intensiv gelber, auf merkwürdige Art geflochtener Zopf zum Vorschein kam, schrien die Arbeiter entsetzt auf und wichen ein paar Schritte zurück, starrten aus schreckgeweiteten Augen zu ihnen herüber.
„Sonnenhaare“, stammelte Leander, „es ist soweit.“
„Geht“, herrschte Ragnfred die Arbeiter an, die sich um sie versammelt hatten, „und sucht ihren Körper, den Wagen und Alsvidr und Arvakr. Sie müssen hier irgendwo sein.“
„Ragnarök, der letzte Kampf der Götter beginnt. Sie haben die Sonne vom Himmel geholt“, Leanders Gesicht war totenblaß.

Doch sie fanden weder den Körper von Sol, der Sonnengöttin, noch den Sonnenwagen, noch ihre zwei treuen

Pferde.
„Es ist noch nicht Ragnarök“, folgerte Ragnfred daraus, “seht ihr Skalli, den Wolf?“
„Und doch war er hier. Das Loch in Sols Schädel ist der Beweis.“
Sie sahen sich um, die Sonne schien etwas blasser zu scheinen und ein wenig Nebel kroch über die Heide auf sie zu. Aber mehr geschah nicht.
„Seht, dieWelt geht trotzdem nicht unter. Es ist noch nicht die richtige Zeit“, folgerte Ragnfred daraus, „lasst uns den Kopf wieder einwickeln und zurück legen. Die Götter haben ihn wahrscheinlich verloren und er ist einfach auf unser Land herunter gefallen.“
Leander fasste sich: „Vielleicht haben sie es noch nicht registriert. Sie sind so weit weg.“
Alle dachten an die wilden Saufgelage in Asgard.
„Wenn wir still halten, bemerken sie auch weiterhin nichts.“
Zur Sicherheit ließ Ragnfred den Göttern ein Pferd opfern.
Sie wickelten den Schädel mit dem merkwürdig geknoteten gelben Haar vorsichtig wieder in die Felle und vergruben ihn besonders tief. Dort würden ihn die Götter nicht finden.

****

Lamb Holm/Orkney*

Ragnfred der Zweite stemmte sich gegen die eisigen Winde, die aus der alten Heimat im Südosten kamen, aus der dunklen Heidenwelt, der seine Väter entstammten. Die Götter hatten die schweren dunklen Wolken, die über den Himmel jagten, sich ballten, wieder auseinanderfielen und in wilder Jagd auf die Insel einstürmten, mit Einsamkeit und Schwermut beladen.

Erste Regentropfen schlugen ihm ins Gesicht, peitschten auf ihn ein, als ob kleine Messer in jedem einzelnen versteckt wären. Nur wenigen Stunden offenbarte das Tageslicht die ganze Trostlosigkeit der Insel und doch ersehnte Ragnfred jedes Mal das Ende der langen dunklen Nacht, um endlich sehen zu können und atmen und laufen und schreien. Gegen den Wind anzuschreien, der ihm in den geöffneten Mund fuhr und die Wangen blähte und in seine Lungen eindrang und das Salz in seine Bronchien trug. Gegen das Meer und seine Geister anzutreten, die in der Nordsee lauerten und nur auf die nächste Nacht, auf die nächste Springflut warteten, um dieses lächerliche Stück Erde, das nicht wenig höher als

* Als Königin Thyra ihre Tochter Gunnhild Erik, dem König Norwegens zur Gemahlin gab, war vielleicht auch Ragnfred in Gunnhilds Gefolge. König Erik, den sie „die Blutaxt“ nannten, war als Regent jedoch völlig unfähig. Mehr noch, man beschuldigte ihn des Mordes an fast all seinen Brüdern. Er musste außer Landes gehen und floh vermutlich nach England. Seine und Ragnfreds Spur verliert sich auf den Orkneyinseln.

eine Sandbank den Meeresspiegel überragte, zu fressen. Alles zu verschlingen, was sich darauf befand: die halb verfallenen Steinmauern des verlassenen Dorfes, die schäbige Hütte und den schiefen Windschutz, den er sich aus Treibholz gebaut hatte. Seit Ragnfred auf Lamb Holm, einer winzigen Orkneyinsel war, kämpfte er um sein Leben, denn der Kälte und Nässe, die der Wind mit sich brachte, hatte er fast nichts entgegensetzen. Wie er sich zu schützen suchte und wo er sich auch verbarg, es half nichts. Soviel auch immer die kalte Luft in ihrer unendlichen Boshaftigkeit an Feuchtigkeit tragen konnte, nahm sie mit und schlüpfte damit unter die Kleidung, um sie auf seiner Haut auszubreiten, sie mit einem kalten schmierigen Film zu überziehen. Und so waren die Kleider schon fast vollständig verschimmelt und zerfallen. Nur noch wenige löchrige Lumpen umwehten seine hagere Gestalt. Die Kälte hatte ihm auch schon die Zehen geraubt und seine Fingerspitzen taub werden lassen. Sie fraß sich immer weiter den Körper hoch. Bald würde auch sein Herz erfrieren.
„Verflucht sollt ihr sein“, schrie Ragnfred gegen den Wind und die schwarzen Wolken an, die sich vor die Sonne schoben und ihm das letzte bisschen Tageslicht stahlen. „Verflucht sollt ihr sein“, brüllte er und meinte damit seine Feinde, die ihn auf diesem erbärmlichen Stück Land ausgesetzt und einfach vergessen hatten.

Wenn er nicht mehr schimpfen und toben konnte und die Verzweiflung ihn zu überwältigen drohte, rief er sich die Erinnerung an seine kleine entzückende Frau ins Gedächtnis, eine wunderschöne gebildete Mazedonierin, die Mutter seiner zwei Knaben. Es war mehr ein Reflex, eine lebensrettende Übung, die er sich auferlegte hatte.

Doch die vielen Jahre seit ihrer Trennung hatten eine Patina über seine Erinnerung gelegt. Wie war ihre Nase geformt, hatte sie nicht einen kecken Knick und wies die Spitze nicht nach oben, sodass man ein wenig in ihre Nasenlöcher hineinsehen konnte? Er bildete sich ein, sie hätte eine Stupsnase gehabt, war sich aber nicht mehr sicher. An die Gesichter der Knaben erinnerte er sich nicht, sie waren runzlige kleine Geschöpfe gewesen, so unansehnlich wie alle Neugeborenen. So hässlich wie die heidnischen Zwerge, die hinter dem Sumpf wohnten. Die drangen in sein Haus ein, wenn er schlief und plagten ihn des Nachts.
Tagsüber quälten ihn die Mücken und Fliegen, die im Brackwasser prächtig gediehen und sich im Sommer hinter seinem Windschutz verbargen, um nicht aufs offene Meer hinausgetragen zu werden. Dann blieb ihm nichts anderes übrig, als sich zu ihnen zu gesellen, weil er das ständige Brausen in den Ohren nicht mehr ertragen konnte und die Haare, die ihm dauernd ins Gesicht flogen, nicht mehr zurückstreichen konnte, weil er endlich ein wenig Ruhe vor dem Wehen und Tosen wollte. Dann sprach er zu den Mücken und erzählte ihnen von seinem früheren Leben, ließ sich sogar von ihnen stechen. Die Lücken in seiner Erinnerung füllte er mit Erdachtem und Erträumtem.

Eines Nachts verstummte das Brausen. Für einen kurzen Augenblick hielt der Höllenwind um ihn herum kurz inne. Über dem Türsturz der Hütte sah er etwas schimmern. Vielleicht der Widerschein des Himmels? Doch nein, eher ein rötlicher Schimmer, der immer heller wurde und die vagen Umrisse einer Gestalt annahm. Er wusste, dass es sich um eine Frau handelte, obwohl nichts weiteres darauf hindeutete und streckte die Arme nach ihr aus. Doch sie verblasste. Der Teufel hatte ihn genarrt, um ihn nur umso tiefer in seine Einsamkeit zu stürzen. Ragnfred konnte nicht mehr einschlafen und verfluchte die Süßwasserquelle auf der Insel, die ihn vor einem schnellen Tod durch Verdursten bewahrt hatte. Er verfluchte auch die Fische und Mäuse, die sich von ihm fangen ließen und sein Leiden nur verlängerten. Er wünschte es sich so sehr, endlich diese Welt verlassen zu dürfen.

Am nächsten Morgen war es fast windstill und der Nebel kroch von allen Seiten auf ihn zu. Er hörte zwar immer noch die starke Brandung, aber der Sturm musste weiter draußen auf der offenen See toben. Das waren die Tage, an denen die Klabautermänner an den Strand kamen. Er hatte kein Huhn, das er ihnen opfern konnte, um sie zu besänftigen und so musste er sich in seiner Hütte verbarrikadieren. Er hatte nur noch etwas Queller, ein unschönes struppiges Gewächs, das er in der Überschwemmungszone geerntet hatte. Er verschlang das salzige Gemüse, aß es vollständig auf, bis er erbrechen musste und sich erschöpft auf sein Lager zurücksinken ließ.

Wieder zeigte sich über dem Türstock der rötliche Schimmer, wurde intensiver. Ragnfred glaubte zunächst, eine Selchie zu erkennen, eine Robbe, die am Strand ihr Fell abgeworfen hatte und nun in Gestalt einer wunderschönen Frau auf ihn zukam. Aber dann sah er, dass ein dunkelroter Mantel die zarte Frauengestalt umgab und mit ihm etwas Reines, Züchtiges. Der letzte Rest von Begierde, der noch in Ragnfreds ausgemergeltem Körper geglommen hatte, verlöschte und machte etwas Erhabenem, Heiligem Platz, nur sehr entfernt dem Gefühl ähnlich, dass seine Frau einst in ihm geweckt hatte. Rangfreds Seele wurde von etwas berührt, das hoch über allem Irdischen zu schweben schien.

Körperlich ging es weiter mit ihm bergab. Der beständige Nahrungsmangel hatte ihn schon sämtliche Zähne gekostet, jedes Gramm Fett und auch von seinen Muskeln fast nichts mehr übrig gelassen. Das konvulsivische Erbrechen, das nicht mehr aufhören wollte, entzog seinem Körper weitere Mineralien. Er spie nur noch Magensäfte und Galle und versank sofort wieder in einen halbwachen Dämmerzustand.

Sofort erschien sie ihm, als hätte sie nur auf ihn gewartet. Diesmal war jede akkurat gelegte Falte ihres dunkelroten Mantels, jedes Schattenspiel auf dem blauen Unterkleid auszumachen. Sie saß auf einem orangeroten Kissen, thronte auf einer steinernen Bank, hinter ihr der goldene Grund, wie der auf den Ikonen, die seine Gattin einst in die Ehe mitgebracht hatte. Die himmlische Frau sah ihm direkt in die Augen, nahm ihn wie ein Kind in ihren Schoß auf und führte ihn der Liebe zu, in die er ganz und gar eintauchen würde. Ja, richtig, es war Liebe, so rein wie der weite goldene Himmel hinter ihr, wie das weiche zarte Gewölk, das warme Strahlen der Sonne, wie die ewige Ruhe und der tiefe Frieden, die ihm das Herz so leicht machten. Ihre Hand zeigte nach oben, wies ihm den Weg. Kein Zweifel, es war die Himmelskönigin, die Unbefleckte, die Heiligste der Heiligen, die Mutter der neuen Religion, die ihn mit sich nehmen würde. Und als es ihm gelang, sich dem Bann ihres

Blickes kurz zu entziehen, entdeckte er, dass Maria eine Himmelfahrtsnase hatte. *

****

* Jahrhunderte später - genauer gesagt während des zweiten Weltkrieges – errichteten die Briten auf Lamb holm das Camp 60 und kasernierten dort die italienischen Kriegsgefangenen, die sie in Afrika gemacht hatten. Die Lagerinsassen mussten große Felsbarrieren gegen die deutschen U-boote bauen. Einer von ihnen, Domenico Chiocchetti, trug immer ein Marienbildchen bei sich, dessen Anblick ihm auf der unwirtlichen Insel Trost spendete. Er konnte seine Kumpel und auch die Lagerleitung davon überzeugen, auf der trostlosen Insel eine Marienkapelle zu errichten. Diese Kapelle – the italian chapel - ist bis heute ein Touristenmagnet.

Amsterdam

Ragnfred des Dritten erbittertster Gegner war der Zweifel. Dieser gehörnte Feind, dieses Untier mit scharfen Hufen, kratzte und trat ihn, wann und wo es nur konnte. In der Stunde zwischen Nacht und Tag, wenn die Seele aus den Tiefen des Schlafes empor trudelte wie eine Luftblase, die vom Meeresgrund nach oben stieg, dann aber die Wasseroberfläche nicht durchstoßen konnte, quälte ihn die Frage, ob er würdig sei.
So würdig wie die Altvorderen, wie sein Vater, dem man das Heilige ansah, die Ernsthaftigkeit, die strenge Gerechtigkeit, das untadelige Leben. Ragnfred hingegen wusste nicht einmal, ob er nicht in Wirklichkeit tot war und sich nur einbildete zu leben und wenn er lebte, ob es nicht ein unwürdiges Leben sei, das besser nicht geführt werden sollte, das unweigerlich in der Hölle enden würde.

Er saß am Dachfenster ihres Amsterdamer Hauses an der Keizersgracht. Das Gebäude war eines reichen Kaufmannes würdig, voller Säulen, Pilaster und Schmuck, aber doch kein Palast. Ragnfreds Vater würde nicht wie der Kaufmann Coymann, dessen Prachtentfaltung ein großes Ärgernis bildete, vor den Rat der Stadt gezerrt und öffentlich zur Bescheidenheit ermahnt werden. Er wusste, was einem frommen Calvinisten zu Gesichte stand.

Der große Reichtum der Familie gründete hauptsächlich auf dem Handel mit Waffen und schwedischem Eisen und Kupfer. Vor ein paar Tagen jedoch hatte Ragnfred

den Vater im Kontor besucht und ein paar mazedonische Ikonen und einen Ballen zartbeiger alter chinesischer Seide auf dem Tisch liegen sehen. Letztere hatte wohl über Konstantinopel ihren Weg in die Niederlande gefunden. Sie war mit seltsamen Formen geschmückt, es hätten Wolken sein können, oder florale Strukturen. Er schlug die Stoffbahn auf und befühlte das hauchdünne Gewebe, dessen Oberfläche so zart war, dass es an der rauen Stelle an seinem Daumen hängenblieb. Es war für eine zartere Haut als die seine geschaffen, für eine glatte, makellose, weibliche. Für Annas Haut, für Annas Brust, für seine erste große Liebe. Er hatte ihre köstlichen Äpfelchen bereits in den Händen halten dürfen und ihr roter Mund hatte gelächelt und das Schneeweiß ihrer Haut nur noch mehr hervorgehoben. Die Seide aus dem fernen Land würde ihren Busen sanft streicheln und Anna zum Strahlen bringen. Ragnfred seufzte.
Genau in diesem Moment trat sein Vater ein, der den glühenden Ausdruck im Gesicht seines Sohnes richtig zu deuten wusste: „Die Sinnenlust, mein Sohn, ist des Teufels."
Der messerscharfe Rücken seiner langen geraden Nase endete in einem Knubbel auf der Nasenspitze, sein Gesicht wurde zum gestrengen Ausrufezeichen hinter der ernsten Mahnung. Er schüttelte wehmütig die langen grauen Locken, die unter seiner schwarzen Kappe hervorquollen und schlug voller Demut die Augen nieder: „Dabei hoffte ich so sehr, dass Gott auch dich erwählt hätte."
Ragnfreds Euphorie erlosch, sank in sich zusammen wie ein Aschehäufchen. Nichts auf der Welt fürchtete er so sehr wie den Ausdruck von Sorge und Enttäuschung im Gesicht des Alten. Was der Vater sagte, war heilig. Nicht

weil er der Vorstand einer sehr großen Familie und auch in der Gesellschaft hochangesehen war, sondern weil seine gesamte Lebensführung so ohne Makel und er dabei so erfolgreich war, dass jeder es als Zeichen seiner Nähe zu Gott begriff. Es schien, als ob Ragnfreds Vater sowohl einen Freundschafts-, als auch eine Art Geschäftsvertrag mit Gott geschlossen hatte und daher sein Wirken in der Welt mit Gütern und Reichtum gesegnet war. Gott selbst sah seinen Handel mit Waffen mit Wohlgefallen und hatte Freude an dem Zins, den er, wie es früher die Juden taten, erwirtschaftete. Und Gott war nun wirklich die oberste Instanz in Sachen Moral und so konnte kein Zweifel an der Sittlichkeit seines Tun bestehen, Gott und Ragnfreds Vater verband eine enge Bande, sowohl in geschäftlicher als auch moralischer Hinsicht, und das schon seit Urbeginn der Zeiten. Wenn der Vater ihn tadelte, dann war es fast, als wenn Gott selbst ihn ermahnte. Sein Wort wog tonnenschwer.

„Der Gottesfürchtige und wahrhaft Fromme verspürt keine Verführung durch den Teufel, sie kommt nicht an ihn heran“, fuhr der Vater fort, „so etwas ist ihm nichtig.“

Das war das Problem.

Ragnfred war erst neunzehn Jahre alt und für ihn waren die Versuchungen drängend, groß, elementar, sie schüttelten ihn durch, bis ihm die Sinne schwanden, suchten ihn in feuchten Träumen heim, ließen ihn taumeln und stolpern. Und dereinst würde er am Rande der Welt straucheln und in den Höllengrund stürzen.

Dabei hatte er alles versucht, um seiner Leidenschaften Herr zu werden. Er trug kratzende Leibchen unter der Kleidung, die seine Haut rot und wund werden ließ, er versagte sich all die kleinen Leckereien, die es neuerdings in der Stadt gab und vom Kaffee, - dem Aphrodisiakum, dem teuflischen Sud aus dem Orient, der doch so gut schmeckte –, hatte er nur einen kleinen Schluck genommen. Er enthielt sich, er kasteite sich (wobei auch da der Teufel des Hochmuts und der Eitelkeit lauerte), er fastete und bemühte sich gleichzeitig, das Martern des eigenen Körpers nicht als zweckgerichtete Handlung zu verstehen, die die Erlösung zum Ziel hatte. Gott konnte man nicht zwingen, ihn nicht überreden. Was dem Menschen vorbestimmt war, war schon vor Äonen festgelegt und nichts – weder die gute, noch die böse Tat – würde daran etwas ändern können. Ja, sogar der Versuch der Beeinflussung des Allmächtigen war schon ein unziemliches Unterfangen, das von Eitelkeit und Überheblichkeit zeugte, ein sicheres Zeichen der Verworfenheit, ein sicheres Zeichen, dass Gott ihn nicht zum Heil erwählt, sondern für die Hölle bestimmt hatte.

„Wer bist du kleines Menschlein denn, dass du dich anmaßt, die Korrektur eines einst getroffenen Entscheids zu fordern oder auch nur zu ersehnen. Gottes Weisheit ist schließlich unermesslich“, donnerten die Predikanten in der kargen bilderlosen Kirche.

Ragnfred war sich einerseits ziemlich sicher, dass der Fehltritt mit der süßen Anna bewies, dass er auf ewig der Sünde verfallen war. Tief in ihm drinnen, wie ein unveräußerlicher Teil seiner Seele, den er nicht würde herausreißen können, steckten Sinnenlust und Sehnsucht nach körperlicher Erfüllung, wie er sie nur in den Armen der schönen, aber armen Dienerin im Nachbarhaus würde finden können. Dazu quälte ihn der Wunsch nach Luxus, nach feiner Seide, nach köstlichen Speisen und nach den trefflichen Stillleben, die neuerdings auf dem Markt waren. Sogar sein Vater hatte ein vorzüglich

gemaltes Stück erworben, auf dem die Weintrauben das Licht einfingen und neben einem alten Folianten ein grausiger Totenschädel die Familie daran erinnerte, wie endlich ihr Leben sei, wie nichtig ihr irdisches Streben. Es hing jetzt an der Wand im Speisezimmer.
Andererseits war seine Familie sehr reich, und sagte der Predikant Godfrey Udemann nicht, dass Gott den Reichtum explizit den Erwählten zur Verwahrung und zur Vermehrung gegeben hätte? Den Erwählten und nur den Erwählten? Also in erster Linie natürlich seinem Vater, aber daneben auch seiner Familie, die sich deutlich von den Armen und damit Verworfenen abhob?
Ragnfreds Herz wurde ein wenig leichter.
Und ferner - hatte der Prediger nicht gesagt, dass auch die böse Tat eines Erwählten den einmal gefassten göttlichen Entschluss nicht ändere? Denn was wäre ein so geringer Fehltritt gegen Gottes unerforschlichen Beschluss? „Hochmut ist es“, hallten die Worte in seinem Ohr wieder, „und die Sünde der Eitelkeit, die einen glauben lassen, der menschliche Frevel könne den zu Beginn der Welt gefassten Plan ändern.“
Doch dann hatte der Predikant wieder darauf bestanden, dass der Reiche durch seinen sittlichen Lebenswandel beweisen müsse, dass er Gottes Vertrauens würdig war. Nicht jeder Bankier und Kaufmann würde sein Seelenheil wahren können. Nur der, der trotz des Reichtums karg lebe und dabei Gutes tue und sogar den Armen helfe, die es eigentlich nicht verdient hatten, aber das mache die Tat nur noch edler. Er müsse es gegen seine Überzeugung tun, damit er nicht dem Hochmut verfiele, er dürfe keine himmlische Belohnung dafür erwarten. Er müsse all′das tun, was er nicht wolle, sich aller weltlichen Freude enthalten, um dadurch seine Ergebenheit

in Gottes Willen zu zeigen und vor allem müsse er weiterhin sittlich und gut leben, weil das die Eigenschaft seiner Seele, ein tiefes inneres Grundbedürfnis jedes Erwählten wäre.
Ja, das werde er, schwor sich Ragnfred in den Momenten, in denen sein Wille erstarkte. Wenn doch noch eine Chance auf Errettung bestehe, werde er sich seiner Bestimmung würdig erweisen.
Kaum hatte er sich gefasst, kamen neue Zweifel und Ängste, drehten und wanden sich andere Gedanken und Gelüste in ihm, verbissen sich ineinander, fanden sich in neuen Spiralen wieder, kehrten zum Ausgangspunkt zurück, begannen von Neuem, sich zu erheben, zu zerfasern und ihn dabei unentwegt zu peinigen.
Er öffnete das Fenster, holte tief Luft und sah hinunter. Das Wasser der Gracht spiegelte das wolkenlose Blau des Frühlingshimmels, ein warmer Wind brachte den Duft der ersten Blumen mit sich und zwei Mädchen gingen untergehakt und mit freundlich wippenden Zöpfen spazieren. Ihr Lachen girrte, die Töne flogen zu ihm hinauf und umschwebten ihn, drehten übermütige Pirouetten und fanden ihren Weg in sein Herz. Das unbeschwerte Lachen einer Frau, das glückliche Lachen seiner Anna. Und schon waren die Bilder wieder da, von Annas Brust, ihrem Geschlecht, den willig geöffneten Lippen. Er konnte sich nicht wehren. Die Fleischeslust hob ihr Haupt, pochte und pulsierte, bohrte sich schmerzhaft in seinen Unterleib, öffnete in ihm einen Abgrund, aus dem das Chaos wie ein flammender Aschenregen nach oben schießen und das Verderben wie ein unaufhörlicher Lavastrom all'seine Willenskraft verbrennen würde. Es war ganz klar, der Teufel hatte ihm genau in diesem Moment das Mädchenlachen gesandt, die wippen-

den Zöpfe waren Tentakeln, die nach seiner Seele griffen.
Welch eine Qual.

„Geh vom Fenster weg!"
Der Vater war unbemerkt ins Zimmer gekommen, als ob er – wieder einmal – die Not und Verwirrung seines Sohnes gespürt hätte und nun zur rechten Zeit in Ragnfreds Schicksal eingreifen konnte.
„Ich weiß um dich", sagte er, „weil wir uns so ähnlich sind. Du bist klug, deine Gedanken sind schnell, du kannst eine Lage gut einschätzen und bist mir im Kontor eine große Hilfe, aber deine Leidenschaften und dein Hochmut werden dich ins Verderben stürzen."
„Verzeiht mir", Ragnfred wandte sich um, wagte aber nicht, den Blick zu heben. Er wusste, er war nicht so demütig und bescheiden wie seine zwölf Geschwister. Vielleicht auch einfach nur nicht so dumm. Doch auch dieser Gedanke zeugte wiederum von seiner inneren Eitelkeit, die ihm nur der Teufel eingegeben hatte.
„Du wirst nach Schweden gehen und die Fabriken in Finspong überwachen. Ich will einen aus der Familie dort haben."
„Aber unser Freund, der Kaufmann de Besche, ist doch schon in Norköpping."
„Nichts gegen ihn, aber du weißt, welches Volumen unser Geschäft mittlerweile hat. Bald haben wir das absolute Waffenmonopol, und das gilt es zu halten."
„Und du Vater? Was machst du?"
„Der Herr will, dass wir ihm zu Ehren den Reichtum unserer Familie auf bestmögliche Art mehren. Ich werde von Amsterdam aus das schwedische Eisenerz in alle Welt verkaufen."

„Und Anna?“ Ragnfred erschrak über die eigene Kühnheit. Noch nie war der Name jener Unglückseligen in diesem Hause erwähnt worden.
Der Vater blieb erstaunlich ruhig: „Es ist doch nur ein Weib – eines unter vielen. Sag mir, welchen Gewinn sollte uns diese Verbindung bringen? Glaubst du wirklich, der Herr will, dass mein Sohn sich wie ein brünftiger Esel in Wollust und Begierde wälzt, dass er einem verworfenen Weibe nachhechelt, das nichts hat und nichts in die Ehe mitbringen kann? Denkst du wirklich, der Herr will, dass sich das Herz meines Sohnes in Liederlichkeit verirrt, sein Geist auf das Niveau eines geilen Ziegenbocks schrumpft und dass ein solcher Dummkopf meine Geschäfte führt?“
Ragnfred schwieg.
„Und wenn du uns dann in den unweigerlichen Bankrott geführt hast, wird alle Welt annehmen, dass w i r verworfen sind.“
Ragnfred schüttelte den Kopf: „Bewahr uns Gott – welch eine Schande.“
„Ich sehe, du gelangst zur Einsicht“, lächelte der Vater, „ich habe beschlossen, dass d u die neue Fabrik in Norköpping bauen und dich um die Tochter von de Besche bemühen wirst.“
Damit schloss der Vater das Fenster, baute sich vor seinem Sohn auf und wartete.
Ragnfred zögerte nur kurz. Der Gedanke an Anna war merkwürdig schemenhaft geworden. Er schob ihn noch weiter fort, sank folgsam auf die Knie und küsste die Hand des Vaters: „Ich danke dir, gütiger Vater, dass du mir die Erkenntnis des rechten Weges ins Herz pflanztest. Ich werde tun, was du sagst.“
„Mögest du am Tag des jüngsten Gerichtes die Stimme

des Herrn hören und möge Gott dir und all deinen Sprösslingen die Gnade erteilen um seines lieben Sohnes Jesu Christi willen, der mit dem Vater und dem Heiligen Geiste in Ewigkeit von uns gelobt und gepriesen sei." Wohlwollen und Zufriedenheit schwangen in des Vaters Stimme: „Es ist alles vorbreitet. Du reist morgen ab."
Ragnfred weinte vor Rührung.*

****

* Das Bild des calvinistischen Bankiers ist in Anlehnung an Reginas Schultes Arbeit über „Rüstung, Zins und Frömmigkeit, Niederländische Calvinisten als Finanziers des Dreißigjährigen Kriegs" gezeichnet. Dem Aufsatz liegt die Habilitationsschrift der Autorin an der Technischen Universität Berlin 1988 zugrunde.

Hongkong

Die Geräusche der Straße vermischen sich mit dem Heulen des Windes. Böen zerren an den Kästen der Klimanlagen vor den Fenstern. Ein loses Rohr oder eine Stange schlägt in schnellem Rhythmus gegen die Hauswand. Das Stakkato erinnert an die Schüsse aus einem Maschinengewehr. Regenschauer prasseln gegen die Fensterscheiben.
Ragnfred der Vierte liegt noch im Bett. Er hat ein paar Tage frei und muss nicht auf die Baustelle – außerdem haben sie Order, bei diesem Wetter sämtliche Abschlussarbeiten an der großen Brücke von Hongkong nach Macau ruhen zu lassen. Zu viele Arbeiter sind schon gestorben und man hat die Presse nicht daran hindern können, darüber zu berichten. Zu viele Hongkonger Bürger beobachten den Bau mit Argwohn. Sie fürchten den chinesischen Einfluss, argwöhnen, dass die Brücke hauptsächlich den Reichen nützen werde und wenn dann noch ein weiterer Arbeiter wegen mangelhafter Sicherheitsvorkehrungen stürbe, würde der öffentliche Unmut vielleicht übermächtig werden.
Es ist das Ende der Monsunzeit oder vielleicht schon der erste Taifun der Saison? Ja, er erinnert sich, schon am Vorabend hat man ihn im RTHK (Radio Television Hongkong) angekündigt. Er kommt aber nicht mehr auf den Namen: 'Hato', 'Mawar', 'Khanun'?
Ragnfred wälzt sich auf die andere Seite, wirft einen Blick auf die Uhr und schließt die Augen wieder. Die Bilder der Stürme laufen ineinander, hohe Wellen, die die Uferpromenade im Hafen überschwemmen, Sturzfluten in den Straßen, Autos schwimmen darin und ein

paar Hunde und ein Drache. Wassermassen bahnen sich ihren Weg in die Einkaufszentren und reißen Ragnfred mit. Er versucht, seinen Kopf über Wasser zu halten, geht unter, taucht wieder auf, schnappt nach Luft, will sich auf die höheren Stockwerke retten, doch die Rolltreppen fahren nur nach unten, keine hinauf. Von den oberen Stockwerken werfen die Menschen Kleider herunter. Alles um ihn herum ist von Kleidern bedeckt. Sie schwimmen auf der Wasseroberfläche wie riesige Seerosen. Ein Mädchen mit weißem Mundschutz versinkt in den Fluten, ein Schädel mit gelben Haaren treibt vorbei, die Haare zu einem merkwürdigen Knoten gebunden, daneben die Kadaver zweier Pferde. Einer sagt, die Sonne sei vom Himmel gestürzt. Er spricht eine eigenartig raue Sprache, die Ragnfred trotzdem gut versteht, obwohl er sie noch nie gehört hat.
Dann ist er mitten auf dem offenen Meer, die Skyscraper von Hongkongisland verschwimmen hinter der Regenwand zu grauen Schemen, nur die scharfkantige Silhouette der Bank of China ist erkennbar. Ragnfred wundert sich, warum ausgerechnet das Gebäude noch steht, obwohl doch die Drachen aus den Bergen um es herumfliegen müssen und erinnert sich an das tote Exemplar, das in der überschwemmten Straße treibt. Der Seegang wird stärker, haushohe Wellen versperren ihm die Sicht, sind wie riesige dunkelblaue und dann wieder grüne Berge. Er kann nicht genau erkennen, ob er auf einem Boot sitzt oder nur noch auf einer Planke. Sie ist weiß von Seepocken. Tang hat sich an den scharfen Kanten verfangen, sie treibt offenbar schon lange im Meer. Vor ihm eine flache Insel, die sich nur wenig über den Meeresspiegel erhebt. Sie ist grau wie der Norden. Eine armselige Hütte und ein Windschutz stemmen sich gegen

den Wind. Eine Robbe schwimmt neben ihm und mustert ihn neugierig, dann wird sie zu einer wunderschönen Frau mit langen Haaren. Der Seegang wird immer stärker, er schaukelt auf den Wellen. Die Robbenfrau spricht zu ihm und weist mit der Hand nach oben. Er kann sie nicht verstehen, ihre Stimme klirrt.

Ragnfred schreckt aus seinem Traum hoch, das Bild ist vom Nachttisch gefallen. Die Scherben liegen neben seinem Bett, darunter die Fotografie, auf der der Bauingenieur Ragnfred aus Hamburg seine chinesischen Kollegen um Haupteslänge überragt. Als er aufsteht, um Besen und Schaufel zu holen, muss er sich an der Wand festhalten. Das Hochhaus,– er wohnt im vierunddreißigsten Stock -, beugt sich im Wind und schwankt deutlich. Es ist vermutlich immer noch früher Morgen, Ragnfred schaltet das Licht ein, der Strom ist nicht ausgefallen, aber die Lampe pendelt hin und her. Er sieht aus dem Fenster, glücklicherweise durch eine kleine Scheibe, die wohl dem Druck standhalten wird. Der Regen bildet eine kompakte Masse, so dicht, als fiele der Inhalt eines Schwimmbads auf einmal vom Himmel. Kein Chance, sich später zu seinem Frühstückscafé durchzukämpfen. Die Geschäfte und Lokale werden sowieso heute geschlossen bleiben. 'Mangkhut', jetzt fällt ihm auch der Name wieder ein, im Radio haben sie ihn so genannt. Er ist die erste Bewährungsprobe für die große Hongkong - Zhuhai - Macau Verbindung. Wenn sein Baby, seine Brücke, diesem Sturm standhält, wird sie bis in alle Ewigkeiten stehen.

Ragnfred schlüpft wieder unter die Bettdecke. Das Beste ist wohl, sich von Tee und dem Inhalt des kleinen Kühlschranks zu ernähren und den Tag zu verschlafen. Er schließt die Augen und hätte die Robbenfrau aus seinem Traum gern wiedergesehen, aber das Meer ist mittlerweile zu einer hohen Wand geworden, die Schritt für Schritt vor Ao Qin, dem roten Drachenkönig des südlichen Meeres, zurückweicht. Bei einem Tidenhub von neunzehn Metern, – selbst im Traum wundert er sich, dass ihm das Wort 'Tidenhub' in den Sinn kommt – , hat die Ebbe mit einem gewaltigen Sog und großer Kraft die Selchie ins Meer zurückgespült, und bis zur nächsten Flut kann er nicht warten. Ein Gezeitenkraftwerk am Ufer gewinnt Strom, die gewaltigen Turbinen laufen auf vollen Touren. Der Strand fällt trocken, der rote Drache und der Jadekaiser laufen an der Flutkante entlang und winken zwei Mädchen mit wippenden Zöpfen zu, die den Wassersaum nach Bernstein oder nach Gold absuchen. Fliegende Fische schießen durch die Luft und torpedieren die Strandsucher. Die Mädchen drehen und winden sich, um ihnen auszuweichen, sie kichern und girren. Es scheint ein großer Spaß zu sein. Ein Hai, mit einer langen scharfkantigen Nase und einem merkwürdigen Knubbel an der Spitze, liegt in einer Lache, die das Meer zurückgelassen hat und klappt sein Maul auf und zu. Er wird sterben, die Mädchen halten sich die Bäuche vor Lachen. Das Wasser ist bis zum Horizont zurückgewichen und wartet hinter großen Glasscheiben auf die Rückkehr. Der Strand ist von Algen und Plastikfetzen übersät, Teerklumpen zeugen von der letzten Ölpest, rundgeschliffene Balken und bizarr geformte Holzstücke erzählen von der Kraft der Brandung. Queller, Schlickgras und Strandhafer erobern das vom Wasser befreite Land. Gewaltige, aber durchsichtige Pfeiler sind in den Sand gerammt, die Stahlkonstruktionen in ihrem Inne-

ren sind gut zu erkennen. Ein Thyssenkrupp-Fahrstuhl trägt Ragnfred nach oben. Eine Trasse führt hoch über den Strand aufs Festland. Eine unendlich lange Reihe von Säcken mit der Aufschrift 'Heidelberger Zement' weist auf das Cheung Kong Centre neben der Bank of China. Ragnfred weiß, dass der Sturm zurückkommen wird, findet aber trotz langer intensiver Suche die Unterlagen nicht, die er noch heute im Büro der Versicherung abgeben muss.
Er sucht und sucht, befragt Mitarbeiter und die Sekretärin, telefoniert, streitet, schimpft, wirft das Handy auf den Schreibtisch und erkennt schließlich, dass diese Suche ein ständig wiederkehrendes Element seiner Träume ist. Er öffnet die Augen.
Im Zimmer ist es nur wenig heller, im Zwielicht erkennt er, dass die Lampe immer noch hin und her pendelt. An die Schaukelbewegungen des Hauses selbst hat sich sein Körper bereits gewöhnt und misst ihnen keine große Bedeutung mehr zu. Seit zwei Jahren lebt Ragnfred in den oberen Stockwerken von Hochhäusern, und nur die allerersten zwei Tage hatte ihm das Schwanken der Türme wirkliches Unbehagen bereitet. Als er erkannte, dass es nicht an seiner Einbildung, einer neuronalen Störung oder der Erkrankung seines Mittelohrs lag, hatte er es vergessen, bzw. sich der beruhigenden Erkenntnis hingegeben, dass die Baukünste der Hongkonger weltweit berühmt und anerkannt waren. Als er sich allerdings den Stahlbeton an manchen Häusern genauer ansah, fielen ihm offensichtlich lastinduzierte frische Trennrisse auf, deren Breite und Verlauf jeden europäischen Bauingenieur alarmiert hätten. Doch die Türme in Hongkong sind nicht für die Ewigkeit gebaut, die hohen Grundstückspreise sorgen für rasche Besitzerwechsel, den so-

fortigen Abriss des alten und Errichtung eines neuen Baus, der an Ausstattung und Prächtigkeit das Vorgängermodell ausstechen muss, um rentabel zu sein. Ein Eldorado für Ingenieure.

Ragnfred überkommt auf einmal eine Welle der Rührung, ein kleines erstes Anfluten von Liebe zu dieser Stadt, die wie keine andere, die er bisher kennengelernt hat, in die Zukunft weist. Der stete Wechsel, die neuen architektonischen Kreationen, das ewig Junge, der melodische Klang der Sprache – zum ersten Mal in diesen zwei Jahren fühlt er sich zugehörig. Vielleicht tut 'Mangkhut', der die ganze Stadt, ja ganz Guangdong fest in den Klauen hält, seinen Teil dazu.
Er steht auf und macht im Teekocher Wasser warm. Im Kühlschrank warten ein Croissant und zwei Reiskuchen mit einem Überzug aus grünem Matepulver auf ihn, die er sich in der vergangenen Nacht in weiser Voraussicht mitgenommen hat. Schon kurz nach Mitternacht bauten die Straßenhändler ihre Zelte und Pavillons ab. Die Köche und Brater schalteten ihre Fritteusen aus und der Mochiverkäufer hielt ihm die letzten zwei Köstlichkeiten hin, um gleich darauf die hölzernen Läden vor dem Eingang fest zu verschliessen.
Mit dem warmen Tee verzieht sich Ragnfred wieder ins Bett und schaltet seinen Laptop an, um die neusten Berichte über den Taifun zu verfolgen. Die Casinos in Macau sind geschlossen, das erste Mal seit ihrer Erbauung. Aus dem Dorf Tai-O, das direkt an der Küste Lantaus den meterhohen Wellen ausgesetzt ist, gibt es noch keine Nachrichten, man befürchtet das Schlimmste. Die Strandpromenade von Kowloon steht unter Wasser, heute Abend wird die Lightshow über dem gegenüber-

liegenden Ufer von Hongkongisland wohl ausfallen. Ein Video auf youtube zeigt einen jungen Mann auf der oberen Aussichtsplattform der Tsim sha tsui Promenade. Hinter ihm lecken bereits die ersten Wellen am Geländer. Wassermassen schieben Autos und Müll in die Nathan Road. Dann ein paar Bilder von leeren Fensterhöhlen, von zerborstenen Fenstern. Es sieht aus, als wäre im Hausinneren eine Bombe geplatzt. Die Fronten einiger prächtiger neuer Gebäude haben ihre erste Bewährungsprobe wegen der – für arrogante westliche Architekten typischen – Baufehler nicht überstanden. Auf anderen Videos werden Menschen vom heftigen Wind erfasst, stürzen oder werden einfach weggeschoben, eine Kuh auf Lantau steht bis zum Hals im Wasser und muss mit einem Strick aufs Trockene gezogen werden. Der Wind erreicht Geschwindigkeiten über zweihundertfünfzig km/h und 'Mankhut' wird als ein Taifun höchster Kategorie eingestuft. Rangfred klappt den Laptop wieder zu, schließt die Augen, lauscht auf das Tosen des Windes, das Schlagen des Eisenrohrs an die Hauswand und auf das Sirenengeheul aus den Straßenschluchten. Gelangt im Traum über die lange Brücke mit den Heidelberger-Zement-Säcken zur Wong tai sin Tempelanlage. Hinter ihm schlagen die Wogen über der Betontrasse zusammen. Offenbar hat der rote Drache das Wasser wieder freigelassen und die Flut nimmt sich, was ihr gehört. Die Brandung tost unmittelbar hinter ihm. Schnell durchquert er das Tor. Das überlebensgroße bronzene Schwein am Eingang hält Ragnfred die Hufe hin, er küsst die abgeschabte Stelle, die vor ihm schon Tausende von Gläubigen berührt haben. Der Eber lächelt freundlich und weist ihm den Rücken einer großen grauen Schildkröte als Sitzplatz zu. Der steinerne Drachenkopf des Reptils wackelt zur Bestätigung hin und her, was er als Einladung auffasst. Er versucht, das Rückenschild des Kriechtieres zu besteigen, rutscht aber immer wieder ab. Eine rote Libelle nimmt ihn schließlich auf den Rücken und fliegt mit ihm zum großen Wasserfall. Unterwegs pflückt Ragnfred eine große Duriam von einem Baum und verzehrt einen Teil davon allein, den Rest teilt er mit einem Schwarm schwarzgrün schillernder Fliegen.

Unter ihm sonnen sich viele kleinere Schildkröten auf einem Stein. Als der Schatten der Libelle sie streift, lassen sie sich ins Wasser fallen. Ragnfred ist leer und weich. Sonnenstrahlen glitzern auf den Wellen, die Libellenflügel verwirbeln die heiße Luft zu einer kühlenden Brise und am Ufer des kleinen Sees versammeln sich die Göttergestalten aus den verschiedenen Tempeln, die

Ragnfred aber im gleichen Moment versichern, dass sie keine Götter, sondern nur Verkörperungen uralter Prinzipien seien. Wann immer er wolle, dürfe sein Geist sie erkennen.
Ragnfred sieht sich den Kopf schütteln: Er wolle keine weitere Erkenntnis. Vielleicht ab und an ein magisches Ritual, aber mehr könne er nicht ertragen. Die Weisen lachen, werfen sich auf den Boden, halten sich die Bäuche und japsen vor Vergnügen, strampeln sogar mit den Beinen.

Die Hochhäuser, die den kleinen Park umringen, versinken im Wasser, das Wasser steigt und steigt. Nur Wong Tai Sin bleibt trocken, als befände sich die Tempelanlage im Inneren einer riesigen Glasflasche. Ragnfred fühlt sich sicher und geborgen. Die Weisen haben die Rücken anderer roter Libellen bestiegen und fliegen mit ihm umher. Sie reisen ohne Gepäck, sind leicht und freundlich, winken und werfen ihm Kusshände zu, freuen sich am Gang des Lebens.
Ihr Lachen klingt noch in Ragnfreds Ohren, als er sich vom Schlaf befreit. Es scheint Tag zu sein. Mattes graues Licht dringt ins Zimmer, doch immer noch verdunkeln rabenschwarze Wolken den Himmel und der Regen wirkt wie eine kompakte Wand aus Wasser.

Ragnfred beschließt, in der nächsten Woche auf der Pferderennbahn zu wetten. Vorher wird er nach Won tai sin oder in einen anderen Tempel gehen und auf ein rotes Band seinen Wunsch nach viel Geld und reichem Gewinn schreiben. Das Band wird er zur Schleife binden und an der Tempelwand befestigen. Nur eine kleine magische Handlung, mehr nicht.

Baby Xiao Tong und der Wind

Herr Li sitzt an der Kaimauer des Dörfchens Tai-O und wartet auf Kunden. Er hat die örtliche Haltestelle im Blick und sieht zu, wie der Bus aus Ngong ping ein paar Touristen ausspuckt. Zwei großgewachsene Europäerinnen mustern irritiert den riesigen staubigen Parkplatz und die angrenzenden mehrstöckigen modernen Gebäude. Vermutlich kennen sie Tai-O nur aus ihrem Reiseführer, der sorgsam alles Heutige ausblendet. Aber da sie sicher und komfortabel reisen wollen, bewegen sie sich auf asphaltierten Straßen und Großparkplätzen, und die bilden mit den komfortablen Betonbauten eine architektonische Einheit.

Wenn sie allerdings nur die chinesische Vergangenheit und einen malerischen Piratenunterschlupf sehen wollten - bitteschön - dann müssen sie eben die Blicke zur Seite wenden und die Augen vor dem Fortschritt verschließen. Die paar Schritte zum Hafen werden sie wohl noch schaffen. In ein paar Stunden steigen sie sowieso wieder in den Bus und später auf die Fähren oder in die U-Bahn nach Hongkong und werden niemals wiederkommen.
An manchen Tagen kann Herr Li die Fremden nur schwer ertragen. Er hält sie für oberflächlich und sentimental zugleich. Sie stellen immer die gleichen falschen Fragen. Aber sie schwemmen Geld in seine Kasse, also wird er sich zusammen reißen. An einem guten Tag und wenn das Wetter mitspielt, - das tut es allerdings selten -, kann er vier Bootstouren machen. Sein Schiffchen fasst jeweils acht beziehungsweise, wenn er noch zwei ganz vorn am Bug, wo es immer etwas nass wird, sitzen lässt, sogar zehn Touristen. Auch wenn er die Unkosten abzieht, lässt sich davon ganz gut leben.

Die Reisenden lassen eine kleine Herde wohlgenährter Rinder mit eindrucksvollen Hörnern passieren, die in raschem Lauf den weiten offenen Parkplatz überqueren, der ihnen weder Schutz noch Schatten noch Nahrung bietet. Im angrenzenden Uferwäldchen werden sie Unterschlupf vor der sengenden Sonne finden. Dem Hornvieh geht es aber im Allgemeinen gut auf der Insel Lantau, dem Buddhismus und Fremdenverkehr sei Dank. Die zwei Europäerinnen nehmen die lächerlichsten Posen ein, um gleichzeitig das eigene grinsende Gesicht und das einer Kuh aufs Bild zu bekommen.

Heute hat sich Herr Li an einer strategisch günstigen Stelle an der Kaimauer platzieren können. Die anderen Bootsführer schielen missgünstig zu ihm herüber, können aber nicht verhindern, dass er gleich die erste Welle Bustouristen 'abschöpft'. Ein großes Plakat wirbt für seine Bootstour: „Kombi: Rosa Delphine und Fahrt durch altes Dorf." Ein Selfie mit einem echten lebendigen rosa Meeressäuger in dessen ureigenem Lebensraum ist der Traum aller Touristen.
Er sieht ihnen in die Gesichter, ohne sie wirklich wahrzunehmen, registriert nur ihre Aufregung und Vorfreude. Danach schätzt er den Preis ein und nimmt heute fünfunddreißig statt dreißig Hongkongdollar pro Person. Die paar Extradollar steckt er schnell in die eigene Tasche. Er tut es immer noch heimlich und blickt sich dabei verstohlen um, als ob der Onkel ihn noch beobachten könnte. Doch der und sein Sohn arbeiten schon seit Jahren auf der großen Brücke nach Macau und helfen mit, die vorgefertigten Brückenstelzen in den Meeresgrund im Perlflussdelta zu rammen. Davor haben sie achtundvierzig Meter unter der Meeresoberfläche am Tunnel gearbeitet. Wer kann sich so etwas vorstellen? Erst tief unten bei den Haien, dann hoch über dem Wasser! Sie sind Helden, das ganze Dorf bewundert sie. Jedes Mal, wenn sie nach einer Arbeitswoche heimkommen, bekommen sie von der Tante ein Festmahl aufgetischt, an dem Herr Li nicht teilhaben darf. Er ist eben nur der verkrüppelte Verwandte, den die Korporation wegen seines steifen Beines nicht eingestellt hat. (Dafür gibt die Tante ihm nachher heimlich eine doppelte Portion, reserviert ihm zudem die besten Stücke).
„Wie willst du die langen Leitern hinaufklettern, wie die schweren Zementsäcke tragen? Das ist nichts für einen,

der wahrscheinlich eine Vagina hat“, höhnte der Cousin und schüttelte den Zementstaub aus den Haaren, dass es nur so staubte. „Pass ja auf mein Schiff auf, während wir weg sind“, maulte der Onkel, als er ihm - nur sehr ungern - das Boot, die hauptsächliche Einnahmequelle der Familie, anvertrauen musste, „wenn die Brücke fertig ist, werde ich dir jeden neuen Kratzer mit Schlägen vergelten.“ Der Wind trug die bösen Worte des Onkels in das Dorf, die Meute der Zurückgebliebenen wiederholte es noch oft: „Wart nur, bis der Onkel kommt, wart nur bis der Cousin kommmt...“.

Bis heute.

Heute hat er mit der Krücke zugeschlagen, sie schnell und zielsicher dem größten Spötter über den schmierigen Schädel gezogen. Blut floss. „Es ist das Boot meiner Familie und ich mache meine Sache gut.“ Dann war er auf den nächsten Widersacher zugehüpft, die blutige Waffe wieder hoch über dem Kopf schwingend: „Ich kann damit umgehen, siehst du, ich werd deinen dummen Kopf in Stücke hauen, wenn du mir den Platz nicht überlässt.“

Wer hat je einen Krüppel gesehen, der einen gesunden Mann angreift? Die Geister müssen sich mit ihm verbündet haben, lassen das alte Piratenblut in seinen Adern feurig aufwallen. In so einem Zustand ist ein Mann brandgefährlich, Krüppel oder nicht. Und so steht Herr Li an diesem Tag an der besten Stelle am Kai und kann von den Touristen fünfunddreißig statt dreißig Dollar für eine Fahrt verlangen.

****

Was keiner in diesem Moment weiß, ist, dass sich, genau zum Zeitpunkt, als die Krücke auf den Schädel des Spötters niedersaust, ein schwerer Unfall auf der Baustelle der großen Brücke ereignet. Nicht der erste, Hunderte waren schon zu Schaden gekommen. Diesmal ist es besonders schlimm. Ein schwerer Sack Zement fällt von der Brücke, - warum genau, wird niemals festgestellt werden -, und trifft sowohl den Onkel als auch Herrn Lis Cousin, die gerade eine lange Metalleiter emporklettern. Sack und Männer stürzen circa fünfzehn Meter tief ins Wasser. Vielleicht sterben sie schon beim Aufprall auf das Wasser, vielleicht lebten sie da noch. Aber sowieso kann fast keiner der chinesischen Arbeiter schwimmen. Wer ins Wasser fällt, gilt als verloren.

****

In Tai-O ist gerade Ebbe, der Hafen liegt auf der windabgewandten Seite der Insel. Es ist drückend heiß, kein Lüftchen sorgt für Abkühlung. Nur kleine Wellen lecken ans Ufer. Weiter draußen scheint die See hingegen rauer zu sein. Herr Li kneift die Augen zusammen, um die Höhe der Wellenkämme besser abschätzen zu können, die sich genau an der Stelle auftürmen und brechen, an der er aus dem Windschatten der Insel herausfahren wird. Auf seinem Reklameschild ist ein großes Foto eines rosa Delphins zu sehen, also muss er möglichst weit herumfahren und zumindest so tun, als suche er nach den Tieren und erwarte wirklich, eines zu sehen. Dabei ist überhaupt nicht zu erwarten, dass sie sich so weit draußen, - in unmittelbarer Nähe der Brücke, die ihren Lebensraum so gnadenlos zerschneidet -, blicken lassen werden.

Wenn man sie überhaupt wieder zu Gesicht bekommt! Das letzte Mal, dass er einen der schnellen rosa Leiber neben sich durchs Wasser hat gleiten sehen und in die meeresgrundschwarzen Augen des Tieres blicken durfte, ist schon Monate her. Seit Jahren nimmt ihre Population ab. Oft hat Herrn Li seither bis tief in sein Herz der Gedanke gepeinigt, dass sie das Perlflussdelta eines Tages endgültig verlassen und er allein zurückbleiben werde. Diese Vorstellung marterte ihn so sehr, dass er immer stiller und leiser wurde und eines Tages in einem Akt der Verzweiflung die mythische Verbundenheit mit den Ahnen seiner Träume zerbrechen musste. Bevor sie weggehen, werde er sie verlassen. Er schwor sich, nur noch so lange in Tai-O auszuhalten und seiner geliebten Tante, die sonst keinen Verwandten hatte, zur Seite zu stehen, wie Onkel und Cousin auf der Brücke arbeiteten. Mit dem Geld, das sie dort verdienten, würden sie endlich ihre schäbige Behausung gegen eine moderne Wohnung in einem der neuen Gebäude tauschen können. Dann ginge es der Tante endlich so gut, dass sie auch ohne ihn auskommen würde. Als der Entschluss gefasst war, schwächte sich die Verzweiflung zu einem dumpfen beständig drückenden Gefühl ab. Zusammen mit den rosa Delphinen würde etwas unwiederbringlich verloren gehen.

„Das Schiff liegt gleich dort vorn. Kommen Sie mit mir. Ich bin Ihnen beim Einsteigen behilflich." Herr Li hat alle Fahrkarten verkauft, und führt die kleine Schar zu seinem Boot, das unmittelbar neben der Steintreppe an der Kaimauer vertäut ist. Heute sind es hauptsächlich einheimische Touristen. Zwei Geschäftsmänner, dem Tonfall nach aus Shenzhen, nehmen in der hintersten

Sitzreihe Platz. Er wird sie direkt vor sich haben und die Arroganz der Großstädter wird ihm aus jeder ihrer Haarwurzeln, jeder Pore ihrer Haut, jeder Satzmelodie entgegenwehen. Auf der anderen Seite des Ganges gibt es nur einen einzelnen Sitz, den eine junge Frau mit einem Baby einnimmt. Das Kindchen scheint ihm nicht älter als ein halbes Jahr zu sein, aber vielleicht ist es nur besonders klein gewachsen. Herr Li beschließt, auf jedem Fall, so gut es geht, im Windschatten der Insel zu bleiben und nicht bis zu den ganz großen Wellen hinaus zu fahren. Nicht, dass der Windgott das Baby fortträgt. Der Vater setzt sich auf den einzelnen Sitz davor und dreht sich besorgt um, legt dem Kind, das auf dem Schoß der Mutter sitzt und von ihr locker gehalten wird, ein Tuch über den Kopf, dass die junge Frau aber sofort wieder fortnimmt. Das Kleine blickt aus großen dunklen Augen ernst um sich.
Ein weiteres Pärchen steigt ein, die Frau hat einen schwarzen Mundschutz angelegt, wie man ihn jetzt in Hongkong trägt. Die zwei riesigen Europäerinnen platzieren sich glücklicherweise beiderseitig des schmalen Ganges, sodass das Boot im Gleichgewicht bleiben wird. Ganz im Bug vorn lässt sich ein junger Mann in Businesskleidung auf der Plattform nieder. Dort wird das Wasser hochspritzen, sein Anzug wird Flecken bekommen. Er holt eine große Kamera aus seiner Umhängetasche. Vielleicht ist er ein professioneller Fotograf oder ein Reporter. Herr Li bahnt sich seinen Weg nach hinten zum großen Ruder und wirft den Motor an.

Zuerst will er den Fahrgästen das Dorf zeigen und steuert das Boot mitten durch die Pfahlbauten.
Die Bauweise hat historische Gründe. Den ersten Ein-

wohnern, den Tangka, war das Siedeln auf chinesichem Boden nicht gestattet. Daher errichteten sie ihre Häuser quasi im Niemandsland zwischen Wasser und Erde, Ebbe und Flut, direkt in das Delta des kleinen Flüsschens, das an dieser Stelle ins Meer fließt. Die malerischen bis waghalsigen Konstruktionen wurden beibehalten und bewähren sich auch bei sehr hohem Wasserstand oder heftigem Wellengang. Es gibt nur wenige Behausungen, die die Bezeichnung Häuschen verdienen, das meiste sind Baracken mit Wellblechdächern, daneben Bretterverschläge, in denen Hühner gackern, halbverfallene Balkone mit Leinen voller Wäsche. Überall hängen Plastiktüten mit irgendwelchem Krimskrams an den Balken. Das Ganze ist ein Sammelsurium aus Holz- und Rigipsplatten, Plastikplanen und verrosteten Gittern, die die Bewohner ganz offensichtlich irgendwo gefunden und zusammengefügt haben.

Sie passieren das Haus der Tante, in dem auch Herr Li eine kleine Ecke bewohnen darf. Es ist nicht mehr als eine Hütte. Eine hölzerne Leiter führt vom Wasser hinauf auf die Veranda. Links und rechts des Einstiegs sind mehrere Blumentöpfe aufgereiht und mit Stricken an einem hölzernen Gitter befestigt. Darin zieht die Tante Kräuter.

Dahinter geht es in die Schlafzimmer der Familie, eher winzige Verschläge nur mit Vorhängen, ohne Türen. Auch Glasfenster gibt es keine. Wenn der Regen von der See her fast waagrecht auf die Häuser eindrischt, werden Holzplatten vor die offenen Luken geklemmt.

Durchquert man die Schlafkojen, kommt man in den Gemeinschaftsraum, in dem die vielen verschiedenen Waren aufgestapelt sind, die die Tante den Touristen verkaufen möchte. Obwohl er zur angrenzenden Gasse hin

völlig offen ist, spielt sich hier das gesamte Leben der Familie ab. Die vorüberschlendernden Fremden sehen zu, wie die Familie isst, lacht, sich streitet oder fernsieht. Nur die an der Gasse aufgereihten Tischchen mit Krimskram, mit kleinen Plastikfigürchen, getrockneten Kugelfischen, Handyhüllen bilden eine Art Barriere, die das Öffentliche vom Privaten trennt. Es gehört zum pittoresken Image des Dorfes, sich beständig begaffen zu lassen, das haben sie so im Dorfrat beschlossen. Alles soll so aussehen, wie die Touristen es sich vorstellen. An der Wand hängen, an einer Leine aufgespannt, viele goldrote Glücksbildchen: Fu, Shou, Lu, die Zeichen für Glück, langes Leben und Reichtum.
Manchmal erbarmt sich ein Reisender und kauft ein kleines Souvenir. Sobald der Käufer ihr den Rücken zukehrt, spuckt die Tante voller Abscheu aus.

Herr Li kennt jeden Stein, jede Untiefe genau und steuert vorsichtig durch die flache Lagune. Wegen der extrem niedrigen Ebbe ragen die Pfähle weit aus dem Wasser. Die Hütten schweben fast vier Meter über dem Boden. Im Dunkel unter den Bauten verfallen, inmitten schwarzem Schlick, verwesenden Pflanzen, Fliegenschwärmen, toten Fischen und Meerestieren und niemals verrottendem Plastikmüll, alte Pfähle zu braunen Stumpen, ragen rostige Eisenstangen aus zerbröckelnden Betonpfeilern. Das Meer besetzt alles, was es erobern kann. Von unten erklimmen kalkige Klumpen Seepocken allmählich alle Hölzer, Leitern und Pfeiler und arbeiten sich Stück für Stück zu den Balkonen der Hütten vor. Wie dünn die meisten Stangen sind, wie schief und krumm sie im Boden stecken! Wie ungeheuerlich alles stinkt!

„Scheußlich, diese alten Hütten“, zischt die jungen Frau aus Hongkong unter ihrem schwarzen Mundschutz ihrem Begleiter zu. Auch die Herren aus Shenzhen halten sich weiße Taschentücher vor die Nasen, wirken pikiert. „Das wird es nicht mehr lange geben. Mit der neuen Brücke kommt der Fortschritt auch hierher. Die Zukunft wird Einzug halten.“ Sie ergehen sich in Werbeparolen, Schlagworten, wie man sie auf allen Fernsehsendern hören kann: 'Hongkong streift die Fesseln der Vergangenheit ab!', 'Alle werden von der Macau-Tschuhai-Hongkong-Brücke profitieren!' In Wirklichkeit wird die Metropolregion 'Greater Bay Area' mit ihren zig Millionen Einwohnern die Stadt schlucken, in sich aufsaugen, bis nichts mehr vom alten Hongkong übrig bleibt. Spätestens, wenn die Sonderrechte wegfallen.

Die Europäerinnen wissen wahrscheinlich nichts von all dem, spüren nicht die Unzufriedenheit der Einheimischen, ahnen nichts von den sich anbahnenden sozialen Unruhen.

Sie genießen das, was sie für alt und ursprünglich halten, schießen unentwegt Fotos und machen sich auf besonders malerische Motive aufmerksam. Sie scheinen von allem sehr angetan. Nicht einmal der Geruch scheint sie zu stören.

****

Obwohl der Monsun vorüber zu sein scheint, der Wind nur mäßig weht und der Himmel beinahe wolkenlos ist, ist die Dünung rund um die Pfeiler der Brücke grob. Offenbar braut sich noch weiter draußen auf offener See schweres Wetter zusammen. Die Wellenkämme brechen, weiße Gischt schwimmt auf der Oberfläche und erschwert die Sicht. Herrn Lis Onkel und der Cousin sind nicht mehr auszumachen. Sirenen heulen auf, immer mehr Männer eilen zur Unfallstelle. Ein paar klettern an den Metalleitern hinab, klammern sich knapp oberhalb der Wellenkante an die eisernen Sprossen und schauen nach irgendetwas aus, nach einer Hand, die sich aus dem Wasser streckt, nach einem Mund, der Wasser schluckt und wieder ausspeit, wenigstens nach einem Helm. Auf gut Glück werfen andere Rettungsringe in den weißen Schaum, vielleicht findet doch noch ein Ertrinkender Halt, schlingt sich von unten ein Arm herum und lässt nicht mehr los. Doch nichts ist zu sehen. Der Seegang ist auch zu schwer, als das ein Rettungsboot ausgesetzt werden könnte und so bleibt den Männer nichts anderes übrig, als von weit oben, von der Brüstung der fast fertigen Fahrbahn auf das Wogen tief unten zu starren. Jetzt sind es neun Tote, die der langjährige Bau der Brücke gefordert hat.

Wieder wird die Bauleitung alles tun, um den Männern selbst die Schuld zuzuschieben, um von den mangelnden Sicherungssystemen, dem Fehlen der Klettergurte abzulenken und die Höhe etwaiger Schadensersatzansprüche gering zu halten. Dabei gibt nicht einmal genug Sicherheitsleinen und Karabiner, mit denen sich die Männer an den Rohren hätten anklicken können, selbst wenn sie nicht unter beständigem Druck stünden und genug Zeit dafür fänden.

Aber es wird nicht lange dauern und manch einer wird sich, - für einen angemessene Summe oder auch nur, weil er seinen Arbeitsplatz behalten will -, an eine plötzliche starke Windbö erinnern, die wie aus dem Nichts aufgetaucht sei. Sie habe die Männer oben auf der fast fertigen

Fahrbahn erfasst, die wohl gerade Pause gemacht und sich unterhalten, jedenfalls nicht gearbeitet hätten. Der fliegende Umhang des Gottes Fei Lians habe sie eingehüllt und weit hinweg getragen.

****

Herr Li lenkt das Schiffchen aus der Lagune ins offene Meer, fährt entlang der Hafenmole, die sich gegen die heranrollenden Brecher stemmt. Noch sind sie im Windschatten der Insel, doch schon hier frischt der Wind auf. Das Baby quengelt ununterbrochen. Der Mutter gelingt es nicht, das Kleine zu beruhigen. Sie nimmt es hoch, setzt es wieder auf ihren Schoß, legt sein Köpfchen erst an die eine, dann an die andere Schulter und sieht sich scheu um, weil der Lärm vermutlich die Gemeinschaft belästigt. Sie fühlt sich öffentlich gedemütigt, weil sie eine schlechte Mutter ist, die ihr eigenes Kind nicht beruhigen kann. Ihr Mann reisst es ihr grob aus den Armen, wiegt es, redet beruhigend auf es ein: „Sei endlich still, kleiner Cao, sei still, die Delphine können dich hören“, verliert die Geduld und schüttelt es. Doch nichts hilft, das Baby demütigt auch ihn durch sein Gequengel. Was ist er für ein Vater, dass es ihm nicht einmal gelingt, ein so kleines Kind zum Schweigen zu bringen? Wütend setzt er es seiner Frau wieder auf den Schoß.
Der Fotograf balanciert über das schlingernde Boot, und straft im Vorübergehen die Eltern mit einem vernichtenden Blick. Ist er tatsächlich der Meinung, dass das Geschrei ihm die Motive vertreibt? Als ob so ein paar zarte Babylaute in der Kakophonie aus Wind, Wellen

und dem Hämmern und Kreischen vom Bau der Brücke noch auszumachen wären! Herr Li spuckt aus. Jetzt tönt auch noch das Heulen der Sirenen herüber.
Der Mann setzt sich ungefragt neben ihn. „Wir werden keine Delphine sehen, stimmts?"
„Kann man nie wissen."
„Bei all dem Lärm..."
Herr Li zuckt mit den Schultern, lässt das Ende des Satzes in der Luft baumeln.
„Wieviele gibt es noch?", hebt der junge Anzugträger wieder an.
„Das letzte Mal zählten sie noch fünfzig."
„Es werden immer weniger, vor Jahren waren es noch hunderte."
Herr Li nickt. Beide schweigen und sehen aufs Wasser. Das Baby ist für ein paar Momente still.
„Was ist, wenn die dritte Startbahn gebaut wird?"
Herr Li antwortet nicht, jeder kann sich schließlich selbst ausmalen, was passieren wird, wenn sie neben dem jetzigen Flughafen eine weitere Insel aufschütten werden.

Doch dann wird Tai-O schon lange hinter ihm liegen. Seit er sich entschlossen hat, das Dorf zu verlassen, ist alles mit dem leichten, aber absolut rissfesten Schleier des Abschieds bedeckt.

Sie passieren das Ende der Hafenmauer und geraten in eine lange Dünung. Gleichzeitig trifft sie eine Bö. Sofort steuert Herr Li das Schiffchen wieder näher ans Ufer. Er wird einfach eine Zeitlang unter Land fahren, die Küste entlang schippern und nach einer angemessenen Strecke umkehren.

Das Baby hält kurz inne, dann beginnt es wieder zu weinen. Ein neuer Ton ist in seiner Stimme, Angst schwingt mit. Die Ältere der zwei Europäerinnen, eine große breitschultrige Frau über fünfzig, dreht sich mehrmals zu dem Kind um, scheint alarmiert. Das klägliche Stimmchen wird schrill, signalisiert Todesfurcht. Dann hört es abrupt auf. Das Schiff gleitet wieder in etwas ruhigeres Fahrwasser und Herr Li kann die junge Mutter beobachten. Sie hebt das Baby hoch und dreht sein Gesichtchen in den Wind. Sofort ist es still. Etwas verschlägt ihm die Sprache. Es krampft.
Was kann so schrecklich da draußen sein, dass dem Kind das Weinen im Hals stecken bleibt, dass sein Körper so steif wird? Herr Li späht aufs Meer hinaus, hinüber zur großen Baustelle. Der Wind trägt immer noch die Klänge der Sirenen mit sich. Ihm scheint, als wehe etwas Kühles, Grausames herüber. Was spürt der kleine Xiao Tong? Was raubt ihm den Atem? Der Windgott? Die bösen Geister?
Die Frau nimmt das Kind wieder herunter und legt es an ihre Schulter. So kann Herr Li in sein verzerrtes rotes Gesichtchen blicken. Es scheint nahe dem Ersticken. Als endlich wieder Luft in seine kleine Lunge strömt, plärrt es sein Leid heraus, schreit um Hilfe. Aber seine Mutter dreht sein kleines Gesichtchen sofort wieder in den Wind.
Die alte Europäerin sieht aus, als wolle sie sich auf die Mutter stürzen, ihr vielleicht sogar das Kind entreißen. Die Jüngere hält sie zurück und redet beschwichtigend auf sie ein.
Herr Li wendet das Boot und nimmt Kurs auf den Hafen.

Schon von weitem sieht er, dass etwas passiert sein muss. Vielleicht das, was das Baby schon geahnt hat? Auf der Kaimauer hat sich eine größere Menschenmenge versammelt. Beim Näherkommen sieht er seine Nachbarn winken und gestikulieren. Als sie in den Hafen einlaufen, kann er seine Tante ausmachen, die von einer Nachbarin gestützt wird. Das Schreckliche muss also seine Familie betreffen.
Die Sirenen von der Baustelle!
Der Todeswind, der Baby Xiao Tong beinahe erstickt hätte!
Noch bevor er die Rufe verstehen und den genauen Wortlaut ausmachen kann, weiß Herr Li, dass er den einzigen Menschen, der jemals gut zu ihm war, nicht verlassen kann. Wenn seine Tante ihn braucht, wird er in Tai-O bleiben.

Schönheit

Beim Näherkommen geben die Lichtreflexe auf der Wasseroberfläche die Sicht frei. Silberne Schuppen schimmern, runde Augen glänzen, Flossen flirren, schlanke Körper gleiten durch klares Wasser.
Vor den Restaurants am Hafen in Cheung chau schwimmen in Plastikkästen, Eimern und sonstigen Behältern die am Tag gefangenen Fische. Es ist bald Essenszeit. Die Kunden wählen ein Tier und besprechen die Zubereitung. Der Koch nimmt es heraus und tötet es mit einem einzigen kräftigen Schlag.

Auch wir haben Hunger. Wir bräuchten nur zu wählen: Schwarz weiß gemusterte Schnecken, gerillte Muscheln, gestreifte Garnelen, tiefschwarze Hummer, stromlinienförmige Fische mit gelben oder roten Flossen, dicke bauchige mit Punkten, längs- oder quer gestreifte. In manche Bassins wird soviel Frischwasser zugeführt, dass kleine Wellen die Oberfläche kräuseln und Form und Farbe der Tiere nicht auszumachen sind. Da könnten wir uns überraschen lassen.

Im kleinen Behälter ganz vorn in der Auslage, direkt vor uns, verharrt ein Tintenfisch, eine Sepie, die Fangarme eng aneinander gepresst. Ihre großen Augen fixieren uns unverwandt.
„Es sind mit die intelligentesten Tiere der Welt", sage ich.
Wellen durchlaufen die Schleier am Rand des großen Kopfes, erinnern an ein schwingendes Ballettröckchen und die fließende Seide eines Morgenmantels.
„Sie gehört zurück ins Meer."
Zarte Streifen oder eher Punkte erscheinen auf der Haut und verschwinden wieder. Auf dem Meeresboden wäre sie getarnt.
„Wir könnten sie kaufen und zurückwerfen."
Wir wissen, dass wir es nicht tun werden.

Weiter unten am Hafen gibt es ein indisches Restaurant ohne Bassins, ohne lebende Tiere. Dort bestellen wir ein Hühnercurry.

Small Disneyworld

Eine eigene U-bahnlinie, deren Fenster in Form des Mickeymouselogos gestaltet sind, bringt uns in ein Land, das es in sehr ähnlicher Form überall auf der Welt gibt. Im Vergleich zu seinem großen Bruder in Kalifornien ist der Park erholsam – sofern man in einem Disneyland von Erholung sprechen kann. Immerhin ist es dem Auge gestattet, sich zwischendurch auf einer wunderschön arrangierten und sorgfältig gepflegten tropischen Vegetation auszuruhen, die jedem botanischen Garten Ehre machen würde.

Eine leichte Befürchtung, ein unterschwelliges Unwohlsein begleitet mich allerdings den ganzen Tag hindurch. Vor fünfundzwanzig Jahren war ich mit meinem kleinen Sohn in Anaheim/Kalifornien gewesen und eine kleine Melodie, genauer gesagt das Eröffnungsthema der 'Tiny Toon Adventures' hatte sich in mein Gehirn gebrannt und konnte bis heute nicht daraus entfernt werden.
“We´re tiny, we´re toony, we´re all a little loony, and in this cartoony, we´re invading your TV....”
Damals war das Thema der 'Tiny Toon Adventures' die Verwandlung der gesamten Welt in eine Puppenszenerie, an der man in kleinen Gondeln – also keine Flucht möglich – vorbeifuhr. Die Melodie wiederholte sich ununterbrochen, wie Wassertropfen, die wehrlosen Folteropfern in regelmäßigen Abständen auf den Kopf fallen. Die Gegenden der Welt wurden visuell auf ein absolutes Grundmuster reduziert, das Farbspektrum auf wenige Töne eingegrenzt, die Menschen in hässliche Püppchen verwandelt. Sie trugen lächerlich bunte Kleider, die mit Mühe und Not als Landestrachten erkennbar waren. Tiere und Pflanzen bestanden im Wesentlichen aus einer Komposition von eckigen und geraden Formen, die Beleuchtung war meist grell.
Und richtig, - meine Befürchtung bewahrheitet sich -, heutzutage gibt es im Disneyland/Hongkong die ‚small world’. Von außen gibt sich das Grauen neuerdings pastellfarben. Doch das Konzept ist unverändert, wieder steigt man in Gondeln und wird einen Wasserlauf hinunter geschippert, wieder wird die Welt auf einfachste Formen hinunter gebrochen, erstrahlt die süßlich-grausige Szenerie in kitschigen grellen Farben. Wieder eine simple, dafür ohrenbetäubend laute Melodie in einer

Endlosschleife, aus der es kein Entkommen gibt.
“It´s a world of laughter, it´s a world of tear, it´s a world of hopes and a world of fear, there´s so much that we share, that is time we´re aware, its a small world after all ...”
Am Abend gehe ich ins Internet und schlage im deutschen bürgerlichen Gesetzbuch nach:
§ 223 des deutschen Strafgesetzbuchs regelt die gefährliche Körperverletzung, § 225 die Misshandlung von Schutzbefohlenen. Da wäre ich strafrechtlich auf der richtigen Fährte. Doch dann gerate ich in eine Sackgasse. Unter dem Stichwort „ästhetische Qual“ meint das STGB ausschließlich die körperliche Verunstaltung des Menschen (z.B. durch ein OP oder sonstige körperliche Gewalteinwirkung).
Bei Google geht's auch nicht weiter. „Ästhetische Folter“ meint nur eine optisch ansprechende Spielart des Sadismus.
Aber dann finde ich etwas. Mit dem Begriff „ästhetische Marter“ verbindet man die Qual, die ein Künstler dem Publikum verursacht. Ich würde also vorschlagen, den Tatbestand „ästhetischen Marter“ ins Strafgesetzbuch aufzunehmen – im Abschnitt über Körperverletzungsdelikte.

South Horizons

Einen Ort, der Südhorizonte heißt, wollen wir unbedingt kennen lernen. Sei es, weil dort der Horizont die Welt im Süden begrenzt, sei es, weil es ein Ort sein kann, an dem der Horizont, ansonsten eine singuläre Erscheinung, sich auf merkwürdige Art vervielfacht.

South Horizons heißt die Endstation der MTR-Southern Island Linie und liegt am südlichen Ufer Hongkongislands. Der Endpunkt, der südliche Horizont wäre damit erreicht. Was kann es dahinter noch geben? Einen tiefen Graben, den Abgrund des Todes, the abyss, die Chaosmutter, die alles verschlingt?

Wie man es nimmt. South Horizons ist eine Trabantenstadt auf einer Halbinsel, ein Konglomerat aus Hochhäusern, die wie ein dichter Bambuswald in die Höhe geschossen sind. Die Gebäude umringen die U-Bahn-Station, verschmelzen zu Baukomplexen mit zahlreichen Gängen, Brücken und Unterführungen und drängen bis an die Uferpromenade. Diese wirkt bescheiden, eher ein Weg, ein schmales Geschenkband, das man um die Siedlung gewickelt hat. Jogger drehen hier ihre Runden, es wird gestretcht und gebogen, getrippelt und gehüpft, um dem Körper Ausgleich zum Arbeitsalltag zu verschaffen, aus purer Notwendigkeit oder aus Pflichtgefühl. Ein junger Mann übt Tai Chi, – etwas verlegen, weil wir ihm zuzusehen –, ein anderer stählt sich in profanen Liegestützen. Junge Mütter schieben ihre Kinderwägen, andere machen noch einen Abstecher auf den Kinderspielplatz. Es ist alles wohlorganisiert in South Horizons, eine kleine Mall hält die notwendigen Waren bereit, ein

Restaurant – eher eine Kantine - versorgt die Hungrigen mit angeblich internationaler, dann aber doch wieder nur kantonesischer Küche. Im Schwimmbad reihen sich Kinder mit Bademützen gleichmäßig am Beckenrand auf und springen auf einen Pfiff der Trainerin ins Wasser. Wenige Alte stehen am Ufer und lassen ihre Angeln ins Wasser hängen oder sitzen auf den Bänken. Keiner spielt Maijong, keiner singt. Sie wirken merkwürdig deplatziert, als ob sie das Meer aus purem Versehen nach einem langen Leben ans Ufer gespült hätte und sie von der, im rechten Winkel bis weit in den Himmel hochragenden, Hochhausphalanx gestoppt worden wären. In South Horizons ist der Horizont vertikal.

Frau Huang im Starbucks

Der Starbucks im Untergeschoss der großen Mall in einer Seitenstraße der Nathan Road gleicht einem überdimensionierten Kühlschrank. Die Klimaanlage läuft beständig auf Hochtouren, um der schwülen Hitze der Außenwelt etwas entgegenzusetzen, eine kühle Oase, in die sich der Kunde retten kann, um sich erleichtert zurückzulehnen und die Produkte der Caféhauskette zu genießen. Allerdings soll sich seine Verweildauer in dem geschmackvoll in verschiedenen Silber-, Braun- und Schwarztönen gehaltenem Raum auf den Genuss von Speisen und Getränken begrenzen. Am lukrativsten wäre natürlich der Kauf von coffy-und-snacks-to-go- Produkten, dann wäre der Raum an sich überflüssig, aber Caramel Latte, Blueberry Croissants, Donuts und Danish chocolat schmecken nur so gut, weil man sie im stilvollen Ambiente verzehren darf. Daher dreht man bei Starbucks die Klimaanlage auf und versucht so, den gesättigten, aber nunmehr fröstelnden Kunden zu vertreiben, damit ein neuer seinen Platz einnehmen kann.

Frau Huang ist gegen die Kälte gewappnet, sie trägt einen voluminösen beigen Pullover und hat ihr Haupt mit einem Hut geschützt. Darauf prangt eine große Stoffblume, die ebenso wie die Kopfbedeckung in Beige gehalten ist. Es ist ihr achtzigster Geburtstag und ihre beiden Söhne – der eine ähnlich unscheinbar in Tarnkleidung, der andere mit einer wildgemusterten Hose, die man eher in Goa/Indien als in Hongkong vermutet hätte – haben sie zu einem Kaffee in der ame-

rikanischen Cafékette eingeladen.
Sie wirft einen abschätzigen Blick auf zwei Männer, die am Nebentisch in sich zusammen gesunken sind und – trotz der Kälte - tief und fest schlafen. Der Eine schnarcht. Trotzdem lässt sich Frau Huang nach einigem Zögern vorsichtig auf ihrem Stuhl nieder und lehnt den Krückstock gegen die Tischplatte. Zu ihrer Rechten nimmt der dezent und anständig gekleidete Sohn Platz, der bunt Verwegene stellt sich an der Theke an, um einen Cappucchino für sich und zwei Kaffee Americano für seine Verwandten zu bestellen, außerdem drei verschiedene Donuts in rosa, braun und schwarz.
Frau Huang starrt auf die Resopaltischplatte und schweigt. Sie hat in ihrem Leben noch nie viele Worte gemacht. Um das Wohl ihrer Familie zu wahren und das Schiffchen ihrer Gemeinschaft durchs Leben zu steuern, hat sie immer schon hauptsächlich mit der Färbung und Intensität ihrer Blicke gearbeitet, die sie Mann und Söhnen durch dicke Brillengläser zuwarf. Ein verdrießlicher Mund, schlaffe Backen, dazwischen zwei tiefe Nasolabialfalten bleiben dabei regungslos, fast wie in Stein gemeißelt. Der Ton der Haut ist von einem fahlen Beige-Gelb, das sich nur unwesentlich von Hut- und Pulloverfarbe unterscheidet, so dass der Oberkörper von Frau Huang, der über die Tischkante aufragt, aus einem Guss zu sein scheint, fest und unerschütterlich, wie ein sandfarbener Fels im wogenden Meer alltäglicher Katastrophen.
Frau Huangs Beine stecken hingegen in einer dunkelbraunen Hose und sind so dünn, dass es fast schon lächerlich wirkt. Ihre winzigen Füßchen rutschen unentwegt in Sneakern hin und her, die mindestens zwei

Nummern zu groß sind. Die nervösen Bewegungen, sowie der insgesamt erbärmliche untere Teil von Frau Huang werden von der Tischplatte verdeckt. Dessen Existenz ist dem anständigen Sohn auch zeit seines Lebens nicht so recht bewusst geworden. Zwar hat sich eine kleine Ahnung in den letzten Jahren eingeschlichen und nagt an der tiefen Angst, die er vor seiner Mutter empfindet, aber Ehrfurcht und Ergebenheit sind so tief in jede Zelle seines Körpers eingebrannt, dass ihre beigefarbene Anwesenheit immer noch wie ein riesiger aufgeblähter Kugelfisch in seinem Kopf alles Eigene verdrängt. Kurz gesagt, seine Mutter liegt wie ein Alpdruck auf seinem Leben.
Dem bunten Sohn war die lächerliche untere Hälfte seiner Mutter schon vor langer Zeit aufgefallen. Er war noch ein sehr kleiner Junge, als er bereits entdeckte, dass nicht jede Familie auf der Welt in einer erbärmlichen Berghütte hausen und sich nicht jeder Vater – sich dabei auch noch beständig verbeugend - von seinem Vorgesetzten schikanieren lassen musste. Auch maßte sich nicht jede Mutter der Welt an, sämtliche Bewegungen ihrer Kinder minutiös zu kontrollieren und ihnen die Luft zum Atmen zu nehmen.

Als sie Xizang verließen, – immerhin hatte die Zugehörigkeit zum winzigen Stamm der Luoba Zu der Familie zwei Kinder gestattet –, legten sie mit ihrer Kleidung auch ihre Vergangenheit ab und wandten sich einem neuen Horizont entgegen. So jedenfalls sah es Frau Huang. Die Trabantenstadt mit dem viel versprechenden Namen 'South Horizons' im Süden von Honkong-Island schien ihr der passende Ort für ein Leben voller Möglichkeiten und Chancen und so zog die Familie in einen der riesigen Türme. Die neue Wohnung war um genau einen halben Quadratmeter größer als ihre alte Berghütte. „Wir haben es doch so gut hier", sagte Frau Huang und meinte damit die Großstadt, die Mall und die gute Verkehrsanbindung. Dabei blieb ihnen weder genug Geld, um mehr als das Nötigste einzukaufen, noch fühlten sich die Eltern dem Großstadttrubel gewachsen. Der Vater lebte nur noch ein Jahr, das er mit einer Angelrute am Pier verbrachte, aufs Meer hinaussah und vor dem Hochhausungetüm hinter seinem Rücken die Augen verschloss. Frau Huang verharrte schweigend im dreißigsten Stock und der bunte Sohn nahm seine wenigen Habseligkeiten und verdingte sich auf einem Schiff. Aus der Ferne sah seine Mutter noch kleiner und erbärmlicher aus, die dünnen Beine wirkten noch lächerlicher und die strengen Blicke verloren auf dem weiten Ozean jede Kraft.

Nur weil Frau Huang spürte, dass ihre Macht auf immer fragileren Füssen stand, zog sie in Erwägung, einmal - nur dies′ eine Mal zum Geburtstag - Hongkong Island zu verlassen, sich in das ferne Gaulung mit seinen vielen nichtigen Geschäften zu wagen und in den Trubel von Wang zhiao zu stürzen. Zwar verwies sie noch auf ihre Gebrechlichkeit und zerrte zum Beweis den alten Gehstock des Vaters aus der Kammer, aber der bunte Sohn und merkwürdigerweise dann auch der anständige ließen sich davon nicht beeindrucken. Sie bestanden derart vehement darauf, sie der Tristesse South Horizons zu entreißen, um ihr endlich den heimlichen 'Times Square' Gaulungs zu zeigen und ihr einen amerikanischen Kaffee in einem original westlich-imperialistischen Etablissement zu spendieren, dass

sie schließlich einwilligte. Eine Bedingung stellte sie noch, der anständige Sohn müsse unter allen Umständen dabei sein. Dem Bunten traue sie nicht.
Dieser balanciert gerade das Tablett mit den Getränken und den süßen Kringeln an ihren Tisch und platziert den Café americano vor die Mutter. Frau Huangs Blick gleitet abschätzig über Pappbecher und Plastikdeckel und die drei bunten Donuts. Auch als der Deckel geöffnet und intensiver Kaffeeduft aufsteigt, kann der brave Sohn, der sie intensiv beobachtet, keine Regung in ihrer steinernen Miene ausmachen. Er scheint enttäuscht, so als ob er entgegen aller Erfahrung doch noch auf Anerkennung gehofft hätte. Auf ein kleines Lächeln. Ein winziges Zeichen der Zuwendung. Die beiden Söhne sehen sich an, die letzte Frage ist geklärt, der Entschluss gefasst.
Sie hätten noch etwas einzukaufen, wenn sie schon mal in Mongkok wären, teilen sie ihrer Mutter mit, nur kurz, sie brauche nicht lang zu warten.
Frau Huang zeigt keine Regung.
Als die zwei gegangen sind, wartet sie noch eine Weile, erhebt sich dann mit affenartiger Behändigkeit und flitzt - ohne den Krückstock eines Blickes zu würdigen - in die Toilette, um sich Keramikthron und marmorne Pracht eines standardisierten Starbuckswaschraums anzusehen. Danach isst sie alle drei Donuts auf einmal auf, vielmehr verschlingt sie mit wollüstigem Vergnügen und genießt mit einem breiten Lächeln den duftenden Kaffee. Es gibt eben Dinge, die brauchen ihre Söhne nicht wissen.
Was Frau Huang in diesem Moment nicht ahnt, ist, dass man sie bei Starbucks zurückgelassen hat und sich ihre Söhne bereits auf dem Weg zum Flughafen befin-

den, mit zwei Online-Tickets nach Goa in der Tasche. Einfach, nur Hinflug.

Winkekatze

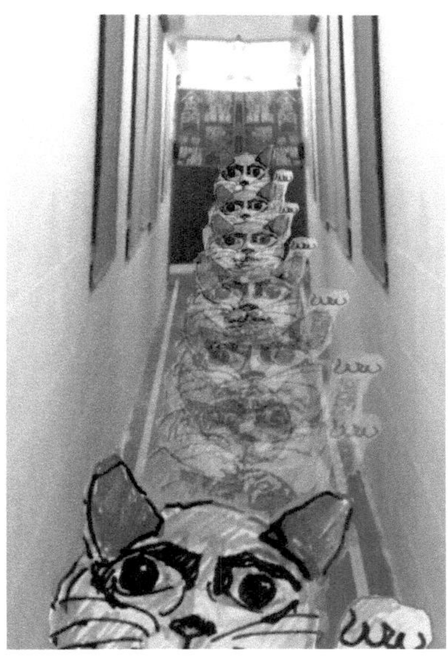

Im engen Flur zum Hostel steht eine goldene Winkekatze. Ihr linker Arm setzt sich in Bewegung, wenn wir einen bestimmten Abschnitt passieren und vom integrierten Bewegungsmelder erfasst werden. Dieser setzt das Winken ihrer linken Pfote in Gang. Ein kleines Schnarren hebt an, dann ein quäkendes 'Ni hao', gefolgt von ein paar unverständlichen Worten, – vermutlich ein Willkommens- bzw. Abschiedsgruß. Es handelt sich um eine Maneki Neko Lucky Cat Wireless IR mit Bewegungsmelder und Welcome Guest Klingeln, vermutlich in Thailand produziert. Gut, wenn die Katze seinem Inhaber Reichtum und

Wohlstand bringt. Das Hostel ist ausgebucht, allerdings nur von Reisenden mit schmalen Geldbeuteln. Daher wird sich der Reichtum nur sehr langsam anhäufen, da kann die Katze winken, bis ihre Scharniere qualmen.
Freundlich, wenn die Katze den Gästen einen Gruß anbietet. Denn die Rezeption ist meist nicht besetzt, die Hostelgäste quetschen sich im engen Gang wortlos aneinander vorbei, mustern sich abschätzig und starren im Aufzug die gegenüberliegende Wand an. Es ist so eng. Distanz muss auf andere Weise geschaffen werden.
Trostreich, wenn das „Hallo" nach einem langen regenreichen Tag durch die schlurfende Schritte der müden Ankömmlinge ausgelöst wird. Ein kleiner Nachtgruß, bevor die Klimaanlage im Zimmer auf die höchste Stufe gestellt wird, um überhaupt Luft zum Atmen zu bekommen. Bevor der tosende Lärm der Straße zum Schlaflied wird.
Authentisch, chinesisch, wenn man das als Fremder so glauben darf. In der Meji-Periode begrüßte die kleine Katze Bordellbesucher, später hieß sie hungrige Restaurantgäste willkommen, im modernen China verziert sie den Eingangsbereich von Fastfoodketten und Lotterien und im Souvenirshop füllt sie - in verschieden Formen und Farben – die Regale. Bei Amazon bekommt man sie meist billiger.
Bedrückend, wenn der ewig gleiche Gruß morgens, mittags, abends quäkt. Ein Vorbote einer automatisierten Welt. Wäre das Hostel anspruchsvoller, größer und teurer, würde ein waschechter Avatar an der Rezeption stehen.

Selfies

Die 'heißesten' Plätze in Hongkong werden auf Instagram gelistet - man kann sie Punkt für Punkt 'abarbeiten', oder man lässt es sein. Sicher gibt es Sehenswürdigkeiten, die man unbedingt gesehen

haben sollte. Der Peak natürlich oder die Nightshow am Hafen, SoHo...
Doch auf Platz eins einer Instagramliste hat es das Choi hung estate geschafft. Dieser Gebäudekomplex aus den 60ern erfreut sich bei den Followern - und meiner Tochter - außerordentlicher Beliebtheit, ein Selfie vor den bunten Fassaden ist ein Muss. Auch wo der Fotografierte am besten stehen sollte, inmitten des Basketballfeldes z.B., wird genau beschrieben. Und richtig, als wir ankommen, finden wir kaum ein freies Plätzchen für ein schönes Bild.

Frau Hé und das Glück

Frau Hé stammt aus Kashe, der schönen Stadt am Kezile in Xinjiang. Bis zu ihrem vierzigsten Lebensjahr lebte sie in einer lieb- und kinderlosen Ehe, aber immerhin in einem großen geräumigen Haus mit wunderschön verzierten hölzernen Balkonen. Als ihr

Mann starb, war sein Bruder nicht sehr erbaut, nun auch noch eine kinderlose Witwe durchfüttern zu müssen. Frau Hé war sich bewusst, dass ihr bis zu ihrem Lebensende in der traditionellen Weiwuer Gesellschaft nur eine sehr bescheidene Rolle zugedacht war. Daher konnte die Propaganda aus Beijing, die unentwegt auf die Errungenschaften der Partei verwies und jedem die Segnungen eines modernen Staates versprach, in ihrem Herzen Fuß fassen. Die bunten Schriftzeichen, die auf den Mauern der alten Häuser so seltsam aussahen und die riesigen Bildtafeln mit lachenden modernen Chinesinnen verdrehten ihr den Kopf. 'Komm in den Osten, geh an die Küste, sieh das Meer, die Volksrepublik sorgt für dich'. Frau Hé packte daher ihre wenigen Habseligkeiten, schlich sich aus der Stadt und zog nach Süden. Der Weg war lang, sie suchte Arbeit und wurde entlassen, verlor all' ihr Geld, hungerte, verzweifelte, schöpfte neue Hoffnung und schloss sich schließlich einer Gruppe Wanderarbeiter an. Sie folgten dem Lauf des Perlflusses und gelangten in die reichste Stadt Guangdongs am Ufer des südlichen Meeres. Xianggang nimmt jeden auf, hieß es, - jeden mit offiziellen britischen Papieren. Aber vielleicht könne sie in der 'ummauerten Stadt' bei Herrn Wu unterschlüpfen.
Frau Hé hatte sich also bis nach 'Hak Nam', wie der rein chinesische Stadtteil in Ganglung hieß, durchgeschlagen. Keinem Polizisten war sie aufgefallen, keiner hatte sie nach ihrer Aufenthaltsgenehmigung für Hongkong gefragt. Sie stand vor dem südlichen Tor. Über ihr drohte ein riesiger Monolith aus riesigen, nahtlos aneinander gebauten Hochhäusern, dessen seitliche Dimensionen sie nicht erfassen konnte. Unzählige Antennen

reckten sich ihr entgegen, die Kästen der Klimaanlagen spien überschüssiges Wasser, durch die vergitterten Balkone spähten tausend Augen. Kein Spalt, keine Gasse, ließ ein absichtsloses Eindringen, ein müßiges Flanieren und Spähen zu. Wer die chinesische Enklave auf britischem Hoheitsgebiet betreten wollte, musste das Tor durchschreiten, musste sich für diese Welt entscheiden und ließ ab da Sonnenlicht, Wolken und den freien Himmel hinter sich.

Frau Hé betrat einen dunklen Gang voller Unrat, von dessen Wänden unentwegt das Wasser tropfte. Über ihr wanden und verschlangen sich unzählige Kabel und Rohre zu einem Wirrwarr, in dem sich der Müll verfing, den die Bewohner achtlos aus dem Fenster warfen. Das Tageslicht erreichte niemals den Grund der engen Schlucht, nur wenige Glühbirnen spendeten trübes Licht. Überall lebte es, Kakerlaken, Ratten, Mäuse krabbelten, trippelten, rannten, knabberten, nagten. Der Gestank, ein Gemisch aus Rattenurin, verderbendem Essen und Fäkalien war überwältigend. Frau Hé wollte kehrtmachen, wollte fliehen, wollte in das schöne offene Hongkong zurück, wusste aber doch tief im Inneren, dass sie am Endpunkt ihrer Reise angekommen war.

Sie fragte ein paar Passanten nach Herrn Wu. Ihr Dialekt verriet sie. „Herr Wu aus Kashe - der Weiwuer?“ Eine alte Frau nahm sie bei der Hand: „Sie finden es nicht allein.“ Es ging ein paar Treppen hoch, durch eine schmale Tür in einen Seitengang, eine Ebene nach unten, um eine Ecke, über eine halbhohe Mauer, durch ein schmales Fenster eine Art Leiter hinauf und dann nur noch Treppe um Treppe nach unten. Die schwarzen Ziegel der Wände glänzen nass im Schein der Glühbirnen, dazwischen absolute undurchdringliche Finsternis.

Die Alte deutete mit ihrer Taschenlampe auf eine Tür: „Die Werkstätten sind meist in den untersten Ebenen. Ich wünsche Ihnen alles Gute."

Frau Hé kam zur rechten Zeit. Herr Wu suchte noch zwei geschickte Hände, die seine angeblich 'original Schweizer Uhren' zusammensetzten. Er hatte auch eine kleine freie Kammer, in die eine Schlafmatte passte, und wenn man sie zusammengerollt und an die Wand gelehnt hatte, auch ein Klappstuhl und ein kleiner Tisch, außerdem ein schmales Regal und in der Ecke ein kleiner Hocker mit einer Kochplatte. Sie hatte kein Fenster, aber da in diese Ebene niemals Tageslicht drang, war das unerheblich. Wichtiger war eine Tür, die Frau Hé abschließen konnte. Das war mehr, als sie erwartet hatte.

Die Arbeit war nicht besonders anspruchsvoll, sie musste die Uhrwerke in die Gehäuse einpassen und die metallenen Gelenkarmbänder montieren. Die Uhren gingen dann in die Schweiz zur Endkontrolle und zum Anbringen der 'swiss-made' Stempel. Herr Wu hatte immer ein paar fertige Produkte in einem Tresor, die er reichen Kunden präsentierte und den Triaden in regelmäßigen Abständen übereignete, um ihren 'Schutz' zu erkaufen.

Wie privilegiert sie war, wurde Frau Hé in den folgenden Monaten bewusst, als sie andere Frauen sah, die nicht in den Werkstätten oder Läden Arbeit gefunden hatten. „Die Schönen landen in den Bordellen", sagte man. Aber sie hatte Herrn Wu auf einem Botengang begleitet und die winzigen Waben gesehen, die nur einem schmutzigen Bett Platz boten. Dort warteten auch Hässliche und Alte auf Freier und 'jagten den Drachen', verdämmerten die Stunden halb bewusstlos im Opium- oder Heroinrausch. Bisweilen sah man sie auch in den Geschäften einkaufen oder an den Wasserhähnen

Schlange stehen. Sie machten sich nicht die Mühe, Straßenkleidung anzulegen, sondern standen in ausgeleierten Negligés und fadenscheinigen Morgenmänteln in den Warteschlangen, teilnahmslos, schweigend, bewacht von den Männern der Triaden.
Wenn Frau Hé allein auf der Gasse war, bog sie sofort in eine Seitengasse oder verschwand in einen Hauseingang, wenn ihr die Mafiosi, Gewalt und Grausamkeit wie einen Bugwelle vor sich herschiebend, entgegen kamen. „Sie sind klug", sagte Herr Wu in Weiwuer, der Sprache ihrer Heimatstadt.
Nur einmal geriet Frau Hé in Panik. Sie war gerade aus einem kurzen Schlaf erwacht. Jedenfalls glaubte sie das. Dann kamen ihr Zweifel. Vielleicht hatte sie die ganze Nacht fest geschlafen und musste zur Arbeit? Sie tastete nach dem Lichtschalter, doch die Glühbirne leuchtete nicht auf. Schwache Geräusche von jenseits der Wand ließen zwar darauf schließen, dass der Tag angebrochen war. Es könnten aber andererseits auch nur die ruhelosen Bewegungen eines Menschen sein, der von Träumen gequält wurde. Frau Hé wusste es nicht, konnte sich auch keine Klarheit verschaffen. War nur die Glühbirne durchgebrannt? Sie hatte keinen Ersatz. Andererseits hatte der Strom schon am letzten Tag – oder war es die letzte Nacht? - geflackert. Ein Stromausfall also. Es half ihr nichts. Die Dunkelheit kroch von allen Seiten auf sie zu. Die stickige Luft in der Kammer wurde zu Brei, der sich nicht atmen ließ, so sehr sie auch darum rang. Frau Hé keuchte, ihr Herz raste. Was, wenn sie nicht rechtzeitig zur Arbeit erschiene? Wenn sie sie verlöre, schlimmer noch, wenn sie nicht mehr unter Herrn Wus Schutz stände? Wenn die Triaden sie in die Finger bekämen? Sie kroch zur Tür und schlug dagegen. Vielleicht verlor sie

das Bewusstsein? Sie hätte es nicht sagen können. Es war alles schwarz. Jedenfalls atmete sie irgendwann ruhiger und der Faden der Glühbirne wurde auf einmal wieder sichtbar, glomm zunächst nur schwach, verlosch immer wieder, doch dann gewann der Strom an Beständigkeit und die Kammer wurde auf einmal hell. Frau Hé kaufte noch am selben Tag zwei Taschenlampen, deren Batterien sie seitdem beständig kontrollierte.

Das Konglomerat der vielen, fest miteinander verwobenen Gebäude war wie ein Pilz oder wie ein Schwamm. In den meisten Lichtschächten waren von Wand zu Wand Leinen mit Wäsche gespannt, die wie Fäden eines Gewebes alles fest zusammenhielten. Auch nach außen hin. Das freie offene Hongkong, die hohen Berge, das weite Meer, die prächtigen Straßen, all das war eine verwehrte Welt, in die man sich nur ab und an verstohlen schleichen konnte, in der die Illegalen aber nichts zu suchen hatten. Frau Hé begnügte sich daher mit den Löchern des Schwammes. Sie fand schließlich schmale Schächte zwischen den Häusern, die den Blick in den Himmel erlaubten. Da stand sie dann am Grund und schaute nach oben, zu dem kleinen Viereck fast zwanzig bis dreißig Meter über ihr, um zu sehen, ob es hell draußen war, ob Wolken zogen oder es einfach nur blau am Tag und orangerot am Abend war. Doch selbst an sonnigen Tagen verdunkelte bisweilen etwas Tiefschwarzes den kleinen Ausschnitt.

Eines Tages lud Herr Wu sie ein, mit ihm die beschwerlichen Treppen in ihrem Wohnturm hoch zu steigen. Gerade, als sie die Tür zum Dach öffneten, donnerte mit ohrenbetäubendem Lärm wenige Meter über ihnen eine Boing 747 hinweg. Der Fahrtwind rüttelte heftig an der Wellblechverkleidung des Daches, die Antennen vibrier-

ten und schwankten. Als der Schatten des Ungetüms über die Dachfläche geglitten war, deutete Herr Wu nach Osten. „Sie landen auf dem Flughafen Qide."
„Höher sollten die Gebäude hier nicht sein", bemerkte Frau Hé trocken, musste sich aber schnell auf den Boden setzen, weil ihr schwindlig wurde.
Daraufhin nahm Herr Wu ihre Hand, zog sie hoch und führte sie zu einer kleinen Mauer. Sie blieben nebeneinander hocken, sahen in den Himmel und über die anderen Dächer hinweg auf die Berge. Der Wind spielte in Frau Hés Haaren, ein paar Kinder warfen sich einen Ball zu, schrien und lachten, die Sonne wärmte ihre Herzen.
„Wir sind wie diese Häuser", sagte Herr Wu „Schicht lagert sich auf Schicht, alles wächst zu einem großen Ganzen zusammen. Aber tief unten gärt die Vergangenheit, wirft Blasen, die nach oben steigen, zerplatzen und neues Leben frei setzen."
„Und wenn du den Kopf zu hoch reckst, verfangen sich deine letzten paar Haare in der Turbine eines Flugzeuges."
Frau Hé und Herr Wu hatten einander gefunden.
1992 begannen die ersten Verhandlungen mit den illegalen Einwanderern, die in der 'ummauerten Stadt' Zuflucht und ein neues Leben gefunden hatten. Die Verwaltung von Hongkong bot ihnen die Legalität und eine Umsiedelung an. Herr Wu und Frau Hé waren mit die ersten, die sich auf das Angebot einließen. Bald darauf wurde Hak Nam abgerissen und die Stadtverwaltung errichtete auf dem Gebiet einen Park. Nur die Außenmauern ließ man stehen und zur weiteren Erinnerung die Bodenplatte eines Wohnhauses. Im Yamen, dem ehemaligen Verwaltungsgebäude installierte man ein Museum, um an die einstige ummauerte Stadt, die auf nur zwei

Komma fünf Hektar stand, aber auf engstem Raum vierzigtausend Menschen beherbergt hatte, zu erinnern.
Herr Wu und Frau Hé verlagerten ihr Geschäft nach Wangjiau, schließlich wartet die Welt immer noch auf Uhren 'made in swiss'. Sie wohnen in einer hellen Wohnung und haben ein gutes Auskommen. In ihrer Freizeit besuchen sie oft den Park und sitzen auf einer der steinernen Bänke. Wenn man sie fragt, woher sie kommen, sagt Frau Hé immer: „Aus Hak Nam."
Das liegt wohl daran, dass Frau Hé an einem der dunkelsten Orte der Welt ihr Glück fand.

Flughafen Shanghai

Auf dem Rückweg geht es für uns über Shanghai. Am Abflugschalter in Hongkong werden nur Boarding Pässe bis zum Jangtzekiang ausgegeben. „Sie müssen dort das Ticket zum Weiterflug lösen“, im Blick der Mitarbeiterin liegt ein Hauch von Mitleid, „aber sie haben ja genügend Zeit.“ Vier Stunden Aufenthalt mitten in der Nacht.

Nachdem die dicke Wolkendecke durchstoßen ist, weisen ein paar schwache Lichter kurz vor dem Aufsetzen der Maschine auf den internationalen Flughafen Pudong. Wir lauschen der mittlerweile wohlvertrauten Musik und folgen den anderen Passagieren durch endlose Gänge und Hallen, bis wir uns in einer Schlange wiederfinden, die Zollwaren deklariert. Warum müssen Koffer geöffnet und Handgepäck kontrolliert, warum die Ausweise vorgezeigt werden? Eine Tafel mit Verhaltensregeln klärt uns auf: Passagiere internationaler Flüge müssen offiziell in die Volksrepublik China einwandern, um dort die Tickets zur Weiterfahrt zu lösen. Es gibt keinen Transferbereich.

Wir gesellen uns zu einem kleinen Häufchen westlicher Reisender in einer entlegenen Ecke der großen Halle, füllen mehrere Formulare aus und beantragen ein Vierundzwanzig-Stunden-Visum für die Volksrepublik. Dann reihen wir uns in die Schlange vor den entsprechenden Schaltern ein.

Hinter uns führt eine hochgewachsene Frau mit grobem Pferdegesicht ein Gespräch über Lizenzen und erfolgreiche Werbestrategien. Unverkennbar einen Fachfrau, gehobenes bis oberstes Management. Ihr Nachbar bläht sich auf, kann aber ihrer lautstarken Kompetenz nichts entgegensetzen. Wir erfahren, wie oft sie in Shanghai war, welche Kampagnen sie gerettet, welchen Entscheidungsträgern sie begegnet wäre. Aber Kinderspiel, das erledigt frau quasi nebenbei: „Sisch ebbe nur no Rudine." Sie schwäbelt, es gibt kein Entkommen, die Schlange rückt quälend langsam vor. Jeder Einwanderer in die Volksrepublik China wird fotografiert, gefilmt, biometrisch erfasst, muss die Abdrücke aller zehn Finger abgeben und wird von oben bis unten eindringlich gemustert, der Computer lange und ausgiebig befragt, bis einen schließlich ein ausdrucksloses Kopfnicken aus der Situation befreit. Als ob man zu DDR-Zeiten - hilflos und an eine Schwäbin vom Prenzlauer Berg gekettet - am Grenzübergang Friedrichstraße stünde, um nach Ostberlin zu gelangen.

In der großen Halle der Volksrepublik gibt es nur wenige zentrale Abfertigungsschalter, die Schlange vor uns bemisst bestimmt hundert Passagiere. Aber ohne Tickets nach München kommen wir nicht weiter. Die Zeit verrinnt.

Schließlich müssen wir wieder aus China ausreisen. Wieder werden Formulare ausgefüllt und schriftliche Fragen beantwortet; übrigens dieselben wie bei der Einreise. Wieder reihen wir uns in die endlose Reihe der Wartenden ein und folgen im Zickzack den Absperrungen zu unserem Abfertigungsschalter. Wieder übertönt die Stimme der süddeutschen Managerin die sanfte Flughafenmusik. Wahrscheinlich erzählen die chinesischen Melodien von blühenden Gärten und wogenden Reisfeldern, von der Liebe und den ersten Blüten im Frühling. Wir wissen es nicht, das Schwäbische penetriert unser Gehör. Schließlich konzentriert sich die Vertreterin des gehobenen Managements auf die Unzulänglichkeiten eines deutsch-chinesischen Handelsabkommens und unterbreitet verschiedene Verbesserungsvorschläge, die nur ein Idiot nicht akzeptierte. „Hanoi, dumm gebore un nix dazuglernd".

„Sie hat den Auswanderungsantrag nicht ausgefüllt", flüstert meine Tochter, „ich hab sie beobachtet."

Weit über drei Stunden sind vergangen, als wir endlich aus der VR China auswandern dürfen. Vor uns nur noch die Gepäckkontrollen von Pudongs Abflughallen, das wird ein leichtes Spiel. Hinter uns das, sich bis ins höchste Diskant steigernde, Geschrei der smarten Managerin. Noch nie habe sie ein Ausreiseformular ausfüllen müssen. „Des is do Schigane." Wir legen unsere Handys in die Schale, entledigen uns unserer Jacken, ein kurzes Piepen an den Verschlüssen unserer BHs, dann sind wir durch. Die zarten Klänge einer Melodie voller Freude und Harmonie mischen sich mit einem gekreischten 'Wea glabbed se denn, wea i bin? Des Romgegosche machd me greiznarrad.' Wir lassen uns frohgemut mit dem lieblichen Strom einheimischer Weisen von dannen treiben. Nur noch schwach weht ein hässliches 'Noi, i werd ned z′ruckgehe un des segglbleede Scheißformular ausfülle' herüber. Dann gewinnt chinesischer Wohlklang die Oberhand. Das Boarding nach München hat bereits begonnen.

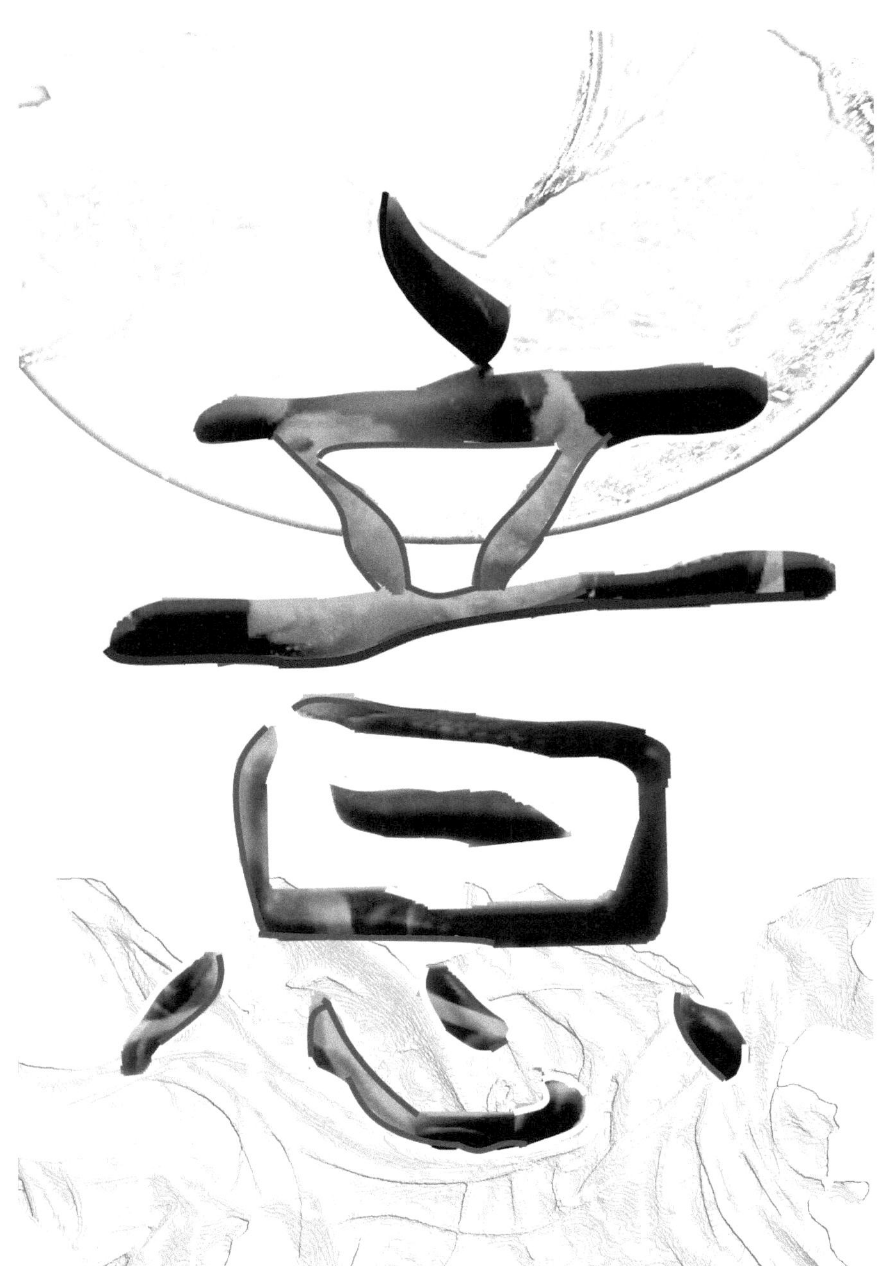

Ich lerne Hanzi*

Schriftzeichen wie kleine Haufen hingeworfener Hölzchen, in regelmäßigen Abständen auf einem Blatt Papier platziert. Ein Windhauch könnte sie jederzeit fortwehen. Wenn man das Blatt anhöbe, würden sie alle herunter rutschen und einen Haufen bilden. Vielleicht würden sie wie kleine Ameisen sofort wegkrabbeln. Jede Information wäre dann fort, jedes Gedicht, jeder offizielle Text, jeder tausendseitige Roman.
Bei näherem Hinsehen ergeben sich geometrische Muster, kleine Vierecke, Leitern, Töpfe, die gekrümmte Linie eines Tigerrückens, Regentropfen, Flammen, Kreuze, Tore, Häuser, Berge, Bäume, Galgen, Tiere, Münder, Augen, Wellen. Eine ganze Welt, die vertraut erscheint, an Bekanntes erinnert und sich sofort wieder entzieht.

Ich greife zu, schnappe mir ein Zeichen. Es zerfällt nicht. Eine kleiner Berg, ein Komma, ein Zacken. Ein zweites Zeichen, eine kleine Leiter, zwei Tropfen, eine Sichel, der Himmel in zwei Ebenen, der Luftzug in drei Schlieren, das Zeichen für Yì „Bedeutung/Idee" besteht aus einem kleinen Topf über einem Herd, darunter Feuerflammen. Ideen werden gekocht und ausgebrütet. Bedeutungen erscheinen klar. In neue Zusammenhänge gebracht, bergen sie Überraschungen. Ich packe fester zu, drücke und presse. Vielleicht tropft die Essenz der Sprache, das System, das nur ergründet werden muss, unten heraus, wie der Saft aus einer Zitrone.

Ich muss die neuen Zeichen hundert Mal schreiben, sonst lerne ich sie nicht. Meine Handschrift verändert sich dabei insgesamt, auch die lateinischen Buchstaben werden kleiner, zierlicher, sorgfältiger.

Schönschreiben, schön schreiben, schön schreiben.

Früher in der Schule eine Qual. Buchstaben waren kleinste Teile eines in der Gesamtheit nicht überblickbaren Systems, das offenbar jederzeit von einem stärkeren verdrängt werden konnte. Sütterlin gegen Latein. Hässliche kleine Gerippe, Verstümmelungen, Kürzel, über deren Hintergründe und Bedeutungen die Lehrer entschieden. Und niemals, niemals kleine Mädchen. Wozu dann schön schreiben?

Chinesische Zeichen sind Bilder, wie sie in der Wirklichkeit vorkommen. Ich stelle meinen kleinen Topf auf den Herd und koche ihre Bedeutungen, das Feuerholz darunter ein Gewirr aus geraden, krummen, kurzen, langen Ästchen. Ich sitze im Restaurant und erkenne in den Pommes frites auf dem Teller ein Muster, einen Hinweis. Geschnittene Kartoffeln. Meine Pommes, meine Bilder.
Auf chinesischen Instant-Nudeln entziffere ich das Zeichen für die Vorsilbe „Jetzt, gerade“ und reiße die Packung auf, wie wahrscheinlich tausend Chinesen auch, - jetzt, gerade, in diesem Moment. „Jin“

* Eine erste Version der Geschichte ist im Band Kalligraphie aktuell, Aufsätze zur Kalligraphie 2020 veröffentlicht

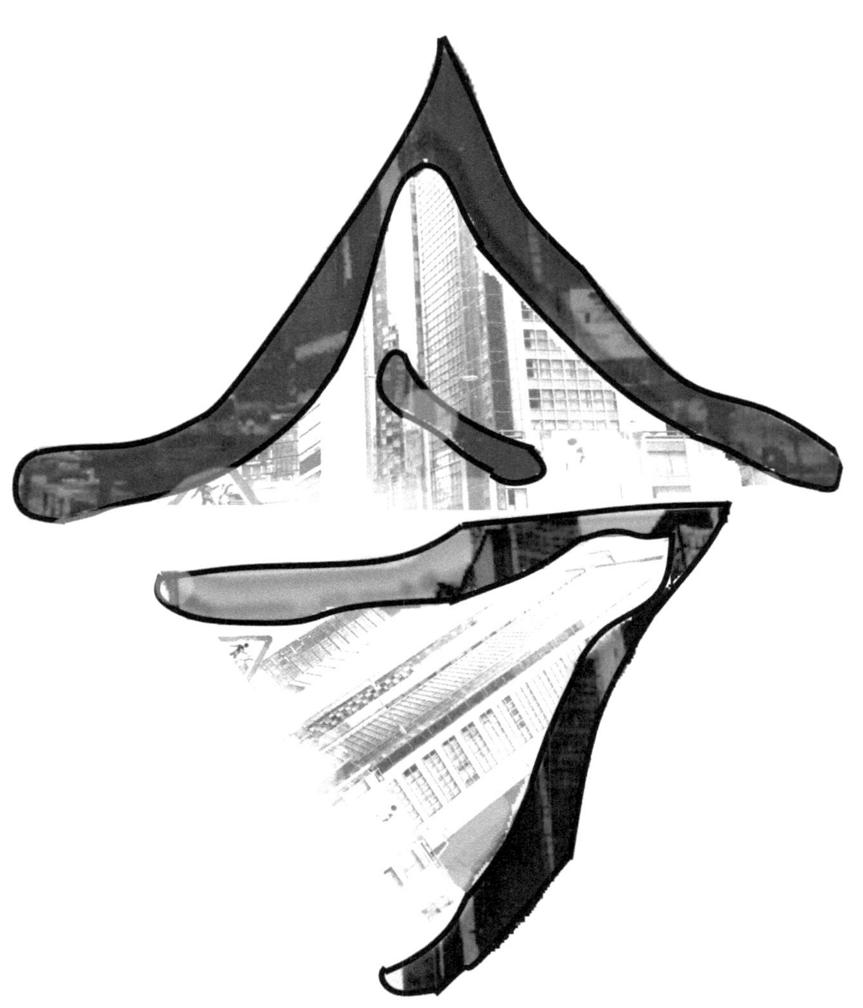

Inhalt